描きこみ式

ゆるっとかわいい

イラスト練習帳

桜田ぱんだ　のだかおり　enoko

成美堂出版

あーもう！
ビクッ
どうしよう〜
そろ〜
いろは
じみ〜
おたんじょう日《び》
おめでとう
なんだか
さみしいよね…
かわいいシールとか
買《か》っておけばよかった
どうして私《わたし》って
絵《え》が上手《じょうず》に
描《か》けないの一 !?

あの…
ひゃっ!
ラ、ラッコがしゃべってる!!
ラッコじゃないよ
イラストの妖精《ようせい》で
らこたんっていうんだよ
らこたん
イラストの…
妖精《ようせい》?
私《わたし》は
いろはだよ
そう、世界《せかい》を
すてきなイラストで
いっぱいにするのが
ぼくの役目《やくめ》なんだ♪
見《み》ててね

それっ!
わーっ!
今《いま》の、何《なに》!?
もしかして魔法《まほう》!?
お、落《お》ち着《つ》いて…

私《わたし》、昔《むかし》から絵《え》を描《か》くのがニガテなんだよね
だから…
そのイラスト、このカードに描《か》いて！
いいけど、それよりイラストの描《か》き方《かた》を知《し》りたくない？
え？
Sketch Book
恐竜展
コツがわかれば
だれでもかわいいイラストが描《か》けるようになるんだよ
知《し》りたい!!らこたん、教《おし》えて！
OK《オーケー》！
まかせて
その前《まえ》に今日《きょう》持《も》って行《い》くのでこれお願《ねが》いします…
バースデーカード
やれやれ

もくじ

Part《パート》1

生《い》きものいろいろ

Part《パート》 2

人物《じんぶつ》いろいろ

もくじ

Part《パート》 3

食《た》べものいろいろ

コラムにも今《いま》すぐ描《か》いて
みたくなるアイデアが
いっぱいのってるよ！

Part《パート》 4

生活《せいかつ》いろいろ

イラストのヒント

「イラストを描《か》いてみたいけど、どうやったらうまく描《か》けるの？」
そんな疑問《ぎもん》に対《たい》するヒントをしょうかいするよ。難《むずか》しく考《かんが》える必要《ひつよう》はナシ。
ポイントを押《お》さえて、楽《たの》しく上手《じょうず》に描《か》けるようになろう！

イラスト上達《じょうたつ》のコツ

イラストが上手《じょうず》な人《ひと》がしていることを見《み》てみよう！
この本《ほん》では２つのコツが自然《しぜん》に取《と》り入《い》れられるようになっているよ。

① まねして描《か》く！

イラスト上達《じょうたつ》のコツは、お手本《てほん》をまねること。
好《す》きなイラストをまねして描《か》くといいよ。
「人《ひと》」や「動物《どうぶつ》」なら体《からだ》や手足《てあし》の向《む》きが
どうなっているか、「物《もの》」ならどんな形《かたち》をしているか、
よく観察《かんさつ》して描《か》いてみよう。

家《いえ》にある果物《くだもの》などをお手本《てほん》に、えんぴつを使《つか》って見《み》た通《とお》りに描《か》いてみるのもおすすめ。これはデッサンと言《い》って、絵《え》の描《か》き方《かた》を本格的《ほんかくてき》に勉強《べんきょう》している人《ひと》もやっている方法《ほうほう》だよ。

② たくさん描《か》く！

うまく描《か》けなくても大丈夫《だいじょうぶ》！ とにかくたくさん
描《か》いてみよう。描《か》けば描《か》くほど上達《じょうたつ》していくよ。

イラストを描《か》くときにおすすめの道具《どうぐ》

イラストを描《か》くときに役立《やくだ》つ道具《どうぐ》をしょうかいするよ。
まずはお家《うち》にあるものを使《つか》って、気軽《きがる》に始《はじ》めてみよう！

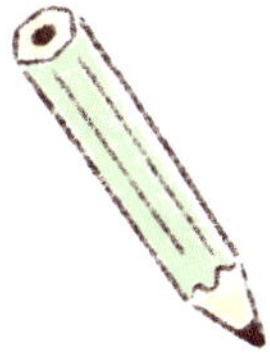

主線《しゅせん》には少《すこ》し太《ふと》めの
0.8～1.0ミリがおすすめ。

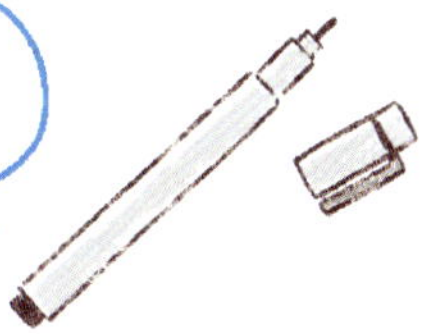

えんぴつ

主線《しゅせん》（輪郭《りんかく》の線《せん》）にも
色《いろ》ぬりにも使《つか》える。

ミリペン

いろんな太《ふと》さが
そろうペン。

ボールペン

こい線《せん》が描《か》けるよ。
主線《しゅじん》を描《〃》くときに。

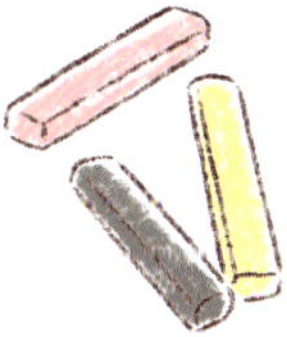

パステル

色《いろ》をぼかしたり、
混《ま》ぜたりしやすい。

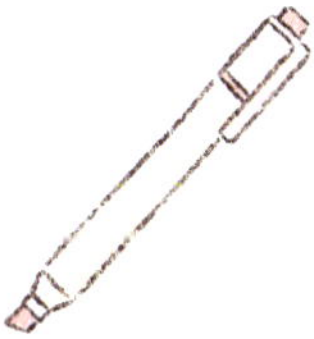

マーカー

描《か》きやすくて
色数《いろかず》が豊富《ほうふ》。

色《いろ》えんぴつ

ふんわりした
雰囲気《ふんいき》が出《で》る。

えんぴつを立《た》てたときと
ねかせたときで
雰囲気《ふんいき》が変《か》わるよ。

立《た》てたとき　ねかせたとき

デジタル

ペンタブレットや
iPad《アイパッド》など。

線《せん》と図形《ずけい》を描《か》いてみよう

実際《じっさい》のイラストを描《か》く前《まえ》に、線《せん》と図形《ずけい》の練習《れんしゅう》でウォーミングアップ！
力《りき》むと線《せん》がゆがんでしまうから、力《ちから》をぬいて描《か》いてみてね。

線《せん》の練習《れんしゅう》

なぞってみてね！

図形《ずけい》の練習《れんしゅう》

描《か》きにくいときは、
紙《かみ》の向《む》きを変《か》えてもOK《オーケー》！

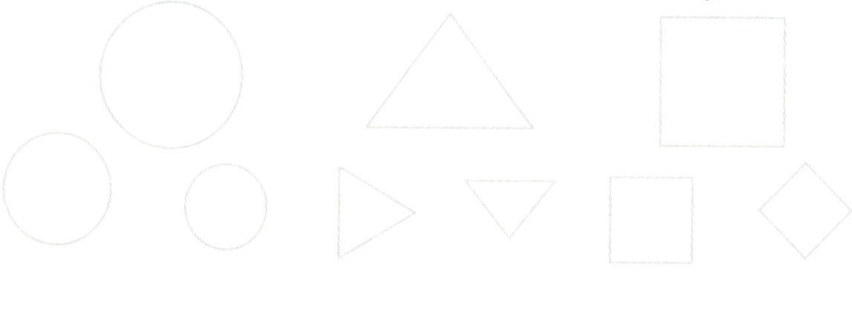

図形《ずけい》は
いろんなイラストに
応用《おうよう》できるよ。

応用編《おうようへん》

オリジナルゆるかわイラストにチャレンジ

イラストを描《か》くのに慣《な》れてきたら、オリジナルイラストにも挑戦《ちょうせん》してみてね。
かわいく描《か》ける、ゆるかわのポイントを教《おし》えちゃうよ！

1 デフォルメして描《か》いてみよう。

2 人《ひと》や動物《どうぶつ》は、頭《あたま》を大《おお》きくして頭身《とうしん》を下《さ》げよう。

顔《かお》のパーツはキュッと寄《よ》せるとかわいくなるよ。

3 「ありえない色《いろ》」を使《つか》ってもOK《オーケー》。

リアルの色《いろ》にとらわれずに描《か》いてみよう！

4 「かわいいモチーフ」を取《と》り入《い》れてみよう。

ハート
お花《はな》

5 色数《いろかず》は多《おお》くても4色以内《しょくいない》にまとめると◎。

この本《ほん》の使《つか》い方《かた》

この本《ほん》は、「お手本《てほん》イラスト＋練習《れんしゅう》スペース」でゆるかわイラストの練習《れんしゅう》ができるようになっているよ。自分《じぶん》で描《か》いてみるスペースがたくさんあるから、何度《なんど》も描《か》いてイラスト名人《めいじん》になっちゃおう！

1 お手本《てほん》イラストをじっくり見《み》よう

まずはお手本《てほん》イラストをよ～く観察《かんさつ》！ 形《かたち》や模様《もよう》を見《み》て、イラストの特徴《とくちょう》をつかもう。

2 グレーの線《せん》をなぞってみよう

イラストの特徴《とくちょう》がなんとなくわかってきたら、えんぴつやペンなど、好《す》きな筆《ひっ》記用具《きようぐ》でグレーの線《せん》をなぞってみよう。

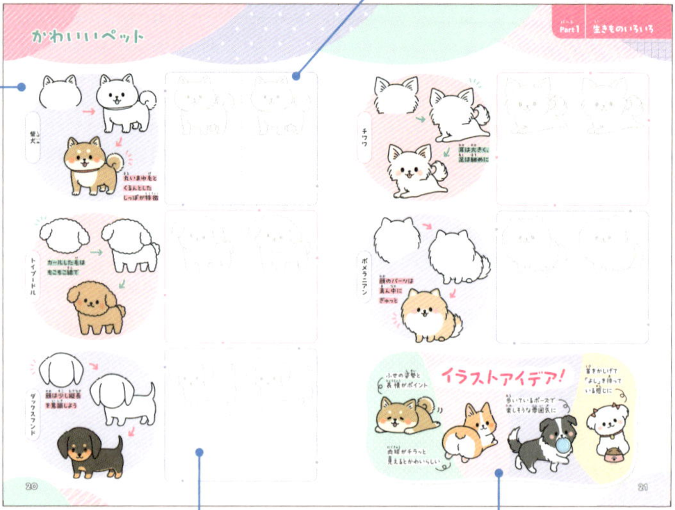

3 練習《れんしゅう》スペースに自分《じぶん》で描《か》いてみよう

お手本《てほん》の通《とお》りに描《か》いてもいいし、ちがう色《いろ》で描《か》いてもＯＫ《オーケー》！ 自由《じゆう》にアレンジしてみてね。

4 イラストアイデアを参考《さんこう》にしよう

「こんなものを描《か》いても／こんなふうに描《か》いてもかわいいよ！」というアイデアがのっているコーナーだよ。まねして描《か》いてもいいし、自分《じぶん》のオリジナルイラストの参考《さんこう》にするのもおすすめ！

Part《パート》 1

生《い》きもの いろいろ

かわいい動物《どうぶつ》や魚《さかな》・鳥《とり》・虫《むし》など、
いろんな生《い》きものを描《か》いてみよう！
ドラゴン、人魚《にんぎょ》やおばけなど、
おとぎ話《ばなし》に出《で》てくる生《い》きものも描《か》けちゃうよ。

お姉《ねえ》ちゃ～ん!
いろはの妹《いもうと》
ゆずは
ゆず、どうしたの?
ここにうさぎの絵《え》を描《か》いて!
うっ・・・
あ、そうだ!
らこたん、
いるよね?
生《い》きものの
描《か》き方《かた》を教《おし》えて!
はーい、
いるよ～!
ぽん!

生《い》きものを描《か》くときは
こんなところに
気《き》をつけるといいよ

生《い》きものを描《か》くときのポイント

①体《からだ》の形《かたち》をよく観察《かんさつ》しよう ※耳《みみ》やしっぽの形《かたち》には特徴《とくちょう》が出《で》やすいよ。

②体《からだ》に対《たい》して頭《あたま》を少《すこ》し大《おお》きめにしよう
※実際《じっさい》のバランスよりも頭《あたま》を大《おお》きめにすると、かわいく見《み》えるよ。

③顔《かお》のパーツは真《ま》ん中《なか》に寄《よ》り気《ぎ》味《み》に
※顔《かお》に余白《よはく》があると、ゆるさが出《で》るよ。

かわいいペット

柴犬《しばいぬ》

トイプードル

ダックスフンド

チワワ

ポメラニアン

お家《うち》や学校《がっこう》にいるペットたちを描《か》いてみよう!
くつろいだ表情《ひょうじょう》やポーズで描《か》くと、ペットらしさが出《で》るよ。

ミニチュアシュナウザー

フレンチブルドッグ

シーズー

コーギー

ゴールデンレトリバー

かわいいペット

柴犬《しばいぬ》

丸《まる》いまゆ毛《げ》と
くるんとした
しっぽが特徴《とくちょう》

トイプードル

カールした毛《け》は
もこもこ線《せん》で

ダックスフンド

顔《かお》は少《すこ》し縦長《たてなが》
を意識《いしき》しよう

チワワ

耳《みみ》は大《おお》きく、
足《あし》は細《ほそ》めに

ポメラニアン

顔《かお》のパーツは
真《ま》ん中《なか》に
ぎゅっと

イラストアイデア!

ふせの姿勢《しせい》と
表情《ひょうじょう》がポイント

肉球《にくきゅう》がチラッと
見《み》えるとかわいらしい

歩《ある》いているポーズで
楽《たの》しそうな雰囲気《ふんいき》に

首《くび》をかしげて
「よし」を待《ま》って
いる感《かん》じに

かわいいペット

茶《ちゃ》トラ

三毛《みけ》

ブチ

白《しろ》ねこ

黒《くろ》ねこ

色《いろ》を変《か》えるだけでも
変化《へんか》がつけられるよ♪

マンチカン

スコティッシュフォールド

アメリカンショートヘア

ロシアンブルー

長毛種《ちょうもうしゅ》

かわいいペット

茶《ちゃ》トラ

マンチカン

スコティッシュフォールド

白《しろ》ねこ

アメリカンショートヘア

イラストアイデア!

香箱座《こうばこすわ》りは
前足《まえあし》がポイント

おなかを見《み》せて
リラックス

体《からだ》を丸《まる》めて
アンモニャイト!

ねこじゃらしを
描《か》いても◎

かわいいペット

ふっくらほっぺが
かわいさのポイントだよ!

シマリス

背中《せなか》としっぽの
しましまが特徴《とくちょう》

ハリネズミ

毛《け》はギザギザの
線《せん》で表現《ひょうげん》しよう

ハムスター

もちっとふくらんだ
ほお袋《ぶくろ》

ネザーランドドワーフ

ウサギだけど
耳《みみ》は短《みじか》めだよ

ホーランドロップ

体《からだ》はまあるく
描《か》いてみてね

イラストアイデア!

走《はし》る様子《ようす》は
横向《よこむ》きが
わかりやすい

しっぽはスプーンの
先《さき》みたいな形《かたち》

きれい好《ず》きで
手《て》で顔《かお》を
洗《あら》うよ

足《あし》の裏《うら》も
毛《け》がフサフサ

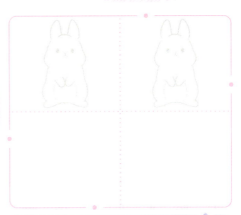

かわいいペット

セキセイインコ

オウム

フクロウ

カメ

こうらの模様《もよう》を
よく見《み》てね

メダカ

水草《みずくさ》やあわを
描《か》き足《た》そう

金魚《きんぎょ》

尾《お》びれは
ひらひら大《おお》きく

牧場《ぼくじょう》の生《い》きもの

ウシ

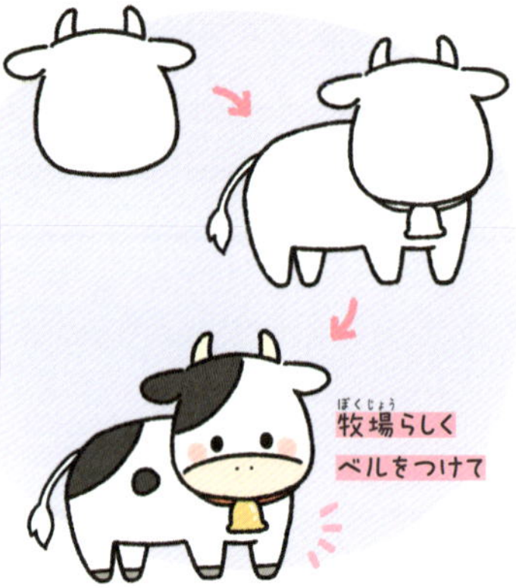

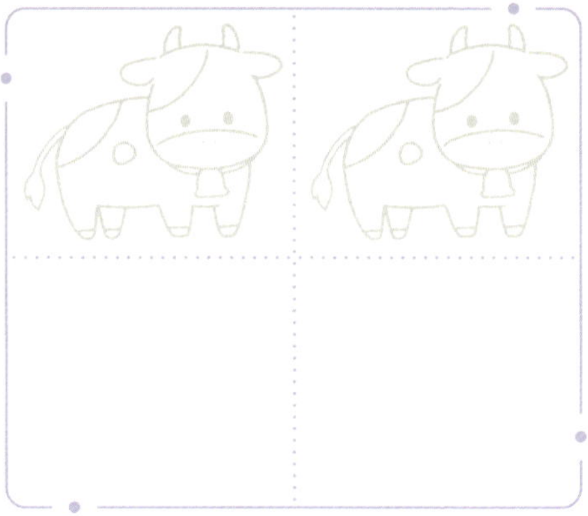

ヒツジ

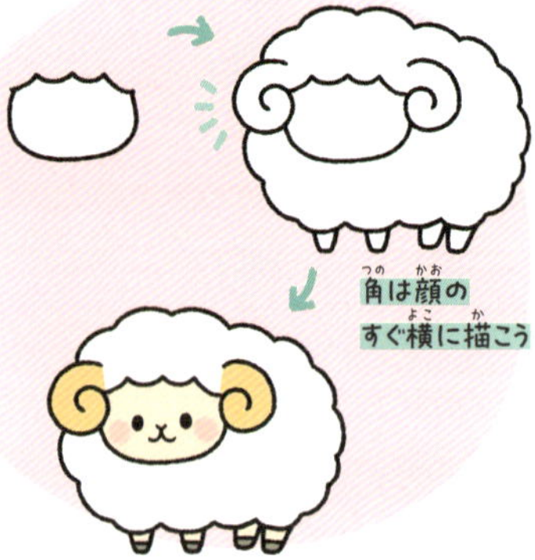

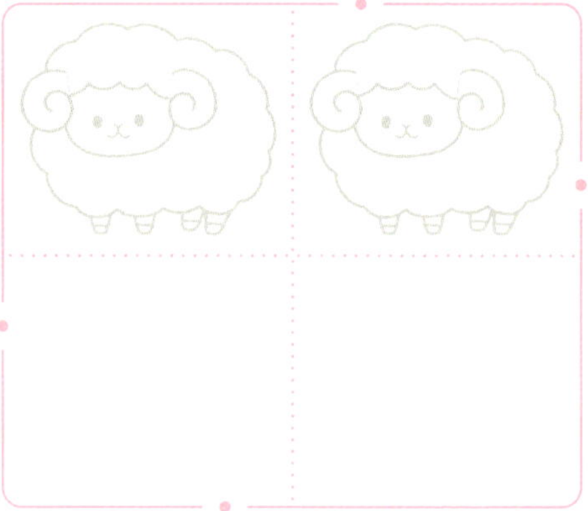

ヤギ

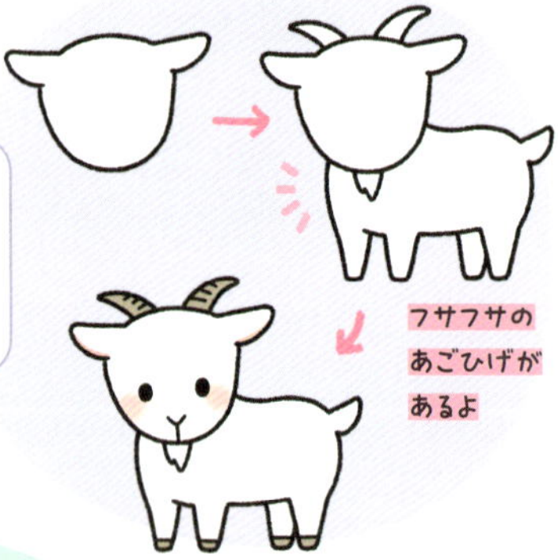

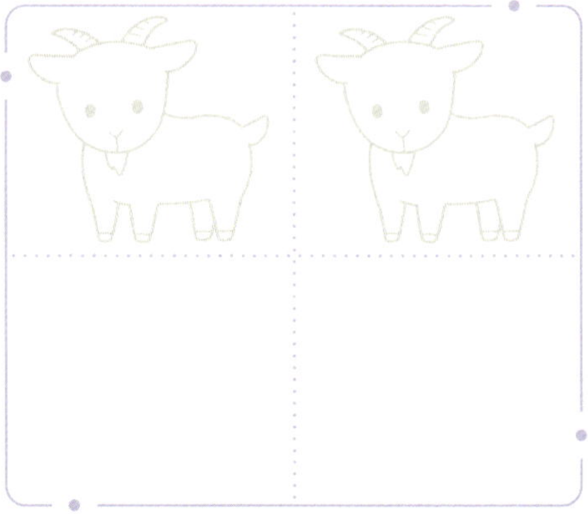

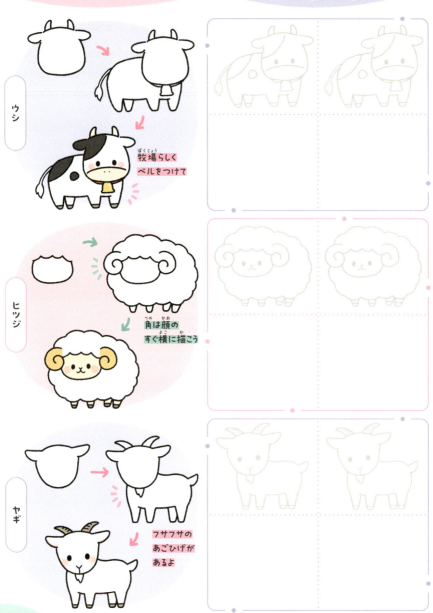

牧場《ぼくじょう》にいる生《い》きものたちを描《か》いてみよう!
青《あお》い空《そら》や緑《みどり》のしばふと一緒《いっしょ》に描《か》くと、牧場《ぼくじょう》らしくなるよ。

ポニー

ブタ

イラストアイデア!

さくを描《か》いて
ジャンプ!

イラストなら
こんなポーズもOK《オーケー》

まくらを
持《も》たせてもかわいい

大小《だいしょう》のウシを描《か》くと、
ウシの親子《おやこ》に♪

牧場《ぼくじょう》の生《い》きもの

カピバラさんを見《み》ると
平和《へいわ》な気《き》持《も》ちになるよね〜

カピバラ

鼻《はな》の下《した》が長《なが》い、
のんびりしたお顔《かお》

ロバ

ウマよりも耳《みみ》が
大《おお》きくて長《なが》いよ

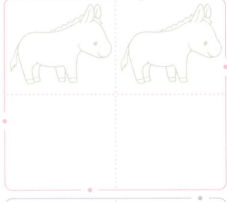

アヒル

体《からだ》は丸《まる》っこく
描《か》こう

ニワトリ

とさかと
くちばしが
ポイント

ヒヨコ

卵《たまご》のからを描《か》くと
かわいいよ

イラストアイデア!

干《ほ》し草《くさ》には
フォークを
そえて

サイロがあると一気《いっき》に
牧場《ぼくじょう》の雰囲気《ふんいき》

ケーキの形《かたち》に
丸《まる》を描《か》くとチーズに!

草《くさ》を食《た》べる
様子《ようす》も
かわいいよ

動《どう》物《ぶつ》園《えん》の生《い》きもの

ゾウ

キリン

ライオン

動物園《どうぶつえん》の生《い》きものたちを描《か》いてみよう！ ゾウならリンゴ、パンダならササなど、食《た》べものを一緒《いっしょ》に描《か》いても good《グッド》。

パンダ

コアラ

カンガルー

動《どう》物《ぶつ》園《えん》の生《い》きもの

クマ

耳《みみ》は小《ちい》さめ、
手《て》足《あし》は大《おお》きめに

タヌキ

横《よこ》に広《ひろ》がった
顔《かお》の毛《け》がポイント

キツネ

耳《みみ》は大《おお》きな
三角形《さんかくけい》で描《か》こう

ぼくもマントをつけたら
モモンガの飛《と》び方《かた》
できるかな?

モモンガ

体《からだ》の形《かたち》は
四角形《しかくけい》を意識《いしき》しよう

シカ

背中《せなか》に
はん点模様《てんもよう》が
あるよ

ニホンザル

顔《かお》の色《いろ》には
赤《あか》みを入《い》れてね

動物《どうぶつ》園《えん》の生《い》きもの

しま模様《もよう》の生《い》きもの、
何種類《なんしゅるい》知《し》ってる?

シマウマ

しま模様《もよう》を
よく見《み》て
描《か》いてね

トラ

片足《かたあし》を前《まえ》に
出《だ》すと歩《ある》いて
いる感《かん》じに

カバ

体《からだ》は「たる」
みたいな形《かたち》

サイ

角《つの》は大小《だいしょう》
2本《ほん》あるよ

ミーアキャット

目《め》の周《まわ》りの
黒《くろ》い毛《け》が特徴《とくちょう》

マレーバク

背中《せなか》はゆるやかに
カーブさせよう

動《どう》物《ぶつ》園《えん》の生《い》きもの

アルマジロ

模様《もよう》は#で
表現《ひょうげん》できるよ

ラクダ

コブは山形《やまがた》を
意識《いしき》しよう

レッサーパンダ

両手《りょうて》は「ばんざい」
のイメージで

クジャク

広《ひろ》げた羽《はね》は、
せんすみたいな形《かたち》

フラミンゴ

頭《あたま》から首《くび》の線《せん》は
反対向《はんたいむ》きのS《エス》字《じ》に

ハシビロコウ

くちばしは顔《かお》と
同《おな》じくらい大《おお》きく

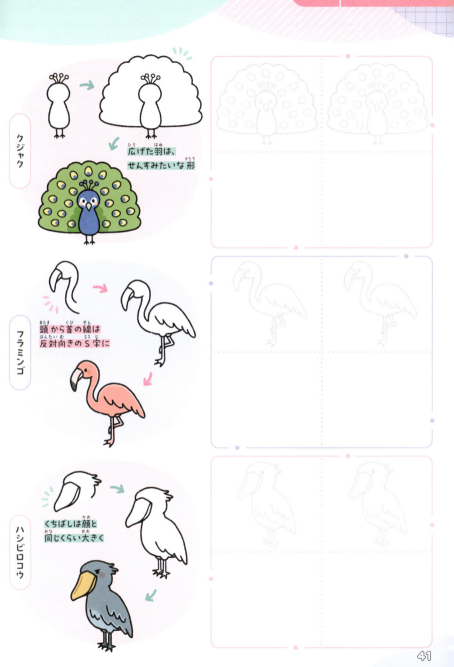

動《どう》物《ぶつ》園《えん》の生《い》きもの

カエル

ヘビ

ワニ

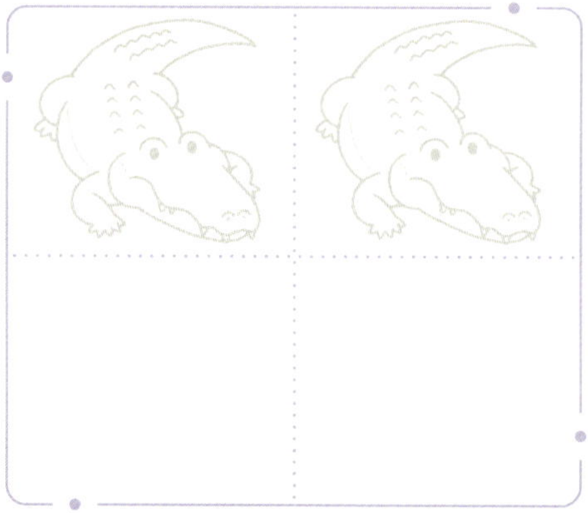

ぼくってやっぱり
ラッコに似《に》てるの?

イラストアイデア!

くっつかせると
仲良《なかよ》し感《かん》アップ!

食《た》べものを
持《も》たせるとかわいい

リラックスした
表情《ひょうじょう》がポイント

お誕生日《たんじょうび》カードに
描《か》いてみてね♪

冬《ふゆ》にはあったかそうな
スタイルも◎

ラッコは体《からだ》に
海《かい》そうを巻《ま》いて寝《ね》るよ

ごはんを一緒《いっしょ》に食《た》べる
仲良《なかよ》しモルモット

クォッカワラビーは
ニコッとした口《くち》が特徴《とくちょう》

水族館《すいぞくかん》の生《い》きもの

イルカ

背中《せなか》はゆるく
カーブするよ

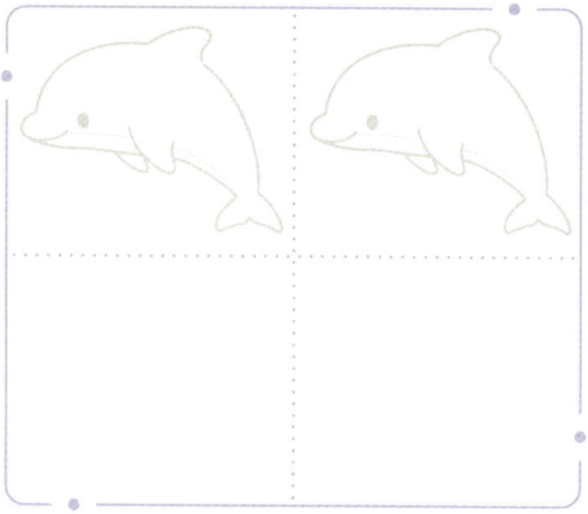

ラッコ

貝《かい》がらを
持《も》たせてみよう

ウミガメ

体《からだ》の模様《もよう》は
ランダムな
四角《しかく》と三角《さんかく》で

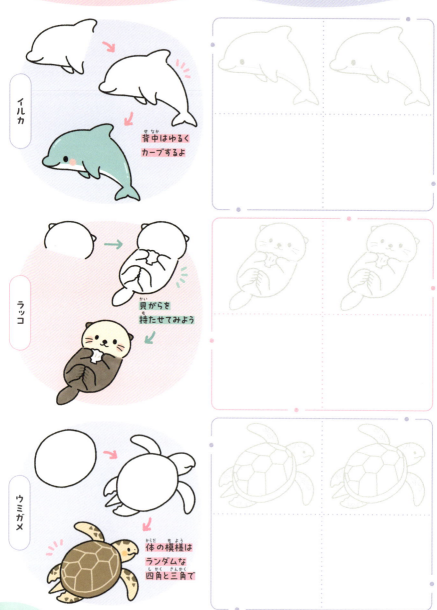

水中《すいちゅう》や水辺《みずべ》に住《す》む生《い》きものたちを描《か》いてみよう！
それぞれ特徴《とくちょう》のある体《からだ》の形《かたち》がポイント。お手本《てほん》をよく見《み》てみてね。

ペンギン

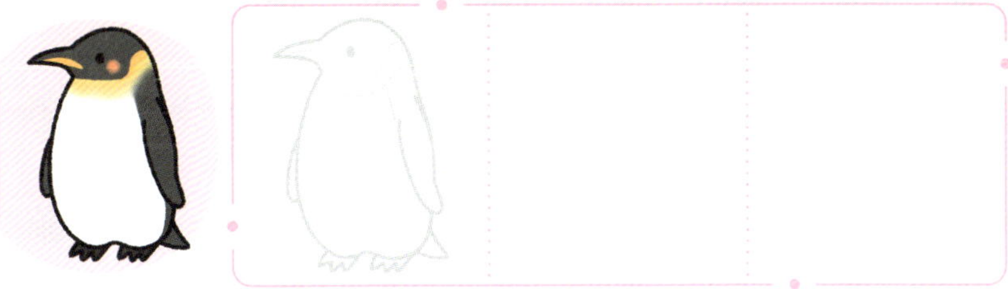

ペンギンのひな

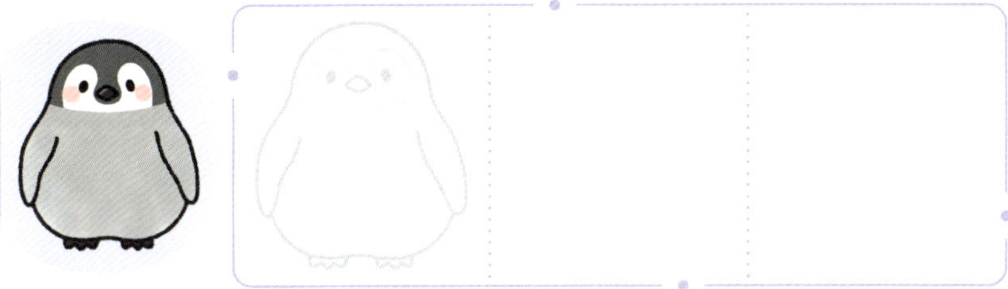

クジラ

サメ

エイ

水《すい》族《ぞく》館《かん》の生《い》きもの

マンボウ

イカ

タコ

フグ

カニ

チンアナゴの
見《み》えない部分《ぶぶん》、
どうなってるんだろう？

チンアナゴ

ヒトデ

クマノミ

チョウチョウウオ

ヤドカリ

身《み》近《ぢか》な生《い》きもの

スズメ

ハト

カラス

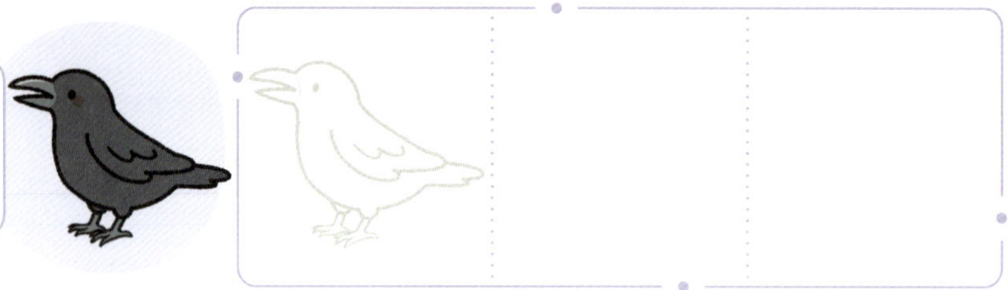

メジロ

ハクチョウ

身近《みぢか》にいる鳥《とり》や昆虫《こんちゅう》を描《か》いてみよう!
体《からだ》の色《いろ》や模様《もよう》、昆虫《こんちゅう》なら足《あし》の数《かず》も意識《いしき》すると上手《じょうず》に描《か》けるよ。

カルガモ

マガモ

ワシ

イラストアイデア!

クローバーの代《か》わりに
お花《はな》を描《か》いても◎

親子《おやこ》の目線《めせん》を
合《あ》わせるとかわいい

音符《おんぷ》を描《か》いて
歌《うた》っている様子《ようす》に♪

ハクチョウが
向《む》き合《あ》ったら
ハート型《がた》!

身近《みぢか》な生《い》きもの

お花《はな》のみつって
おいしいのかなぁ……

チョウ

お花《はな》と一緒《いっしょ》に
描《か》くとかわいい

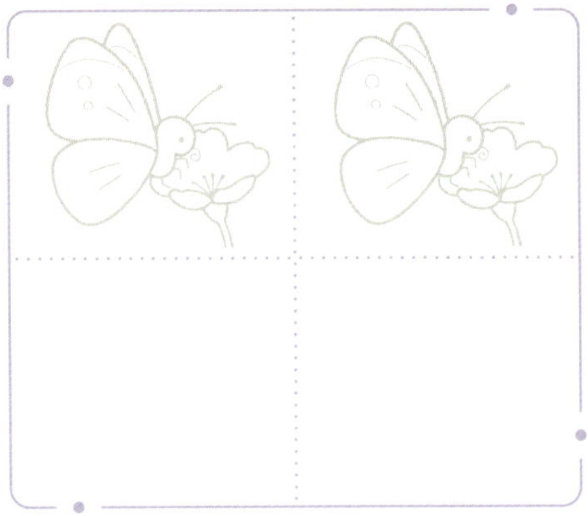

テントウムシ

体《からだ》の
はしっこの丸《まる》は
欠《か》けた形《かたち》に

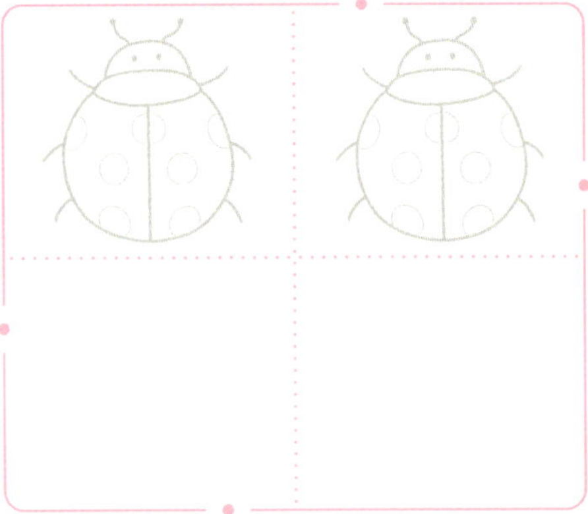

バッタ

後《うし》ろあしは
大《おお》きく描《か》いてね

カブトムシ

角《つの》は大小《だいしょう》2本《ほん》あるよ

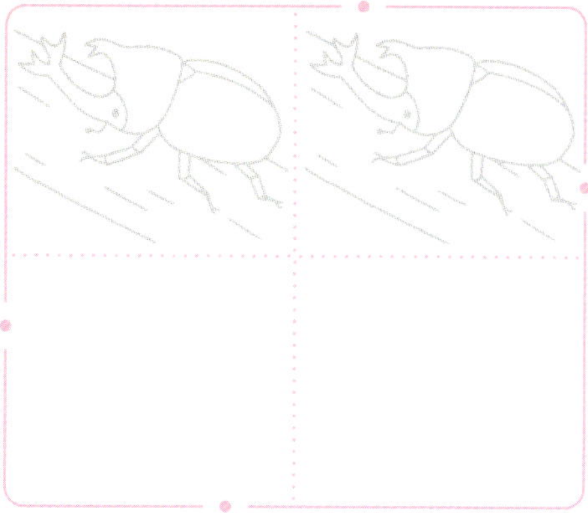

クワガタムシ

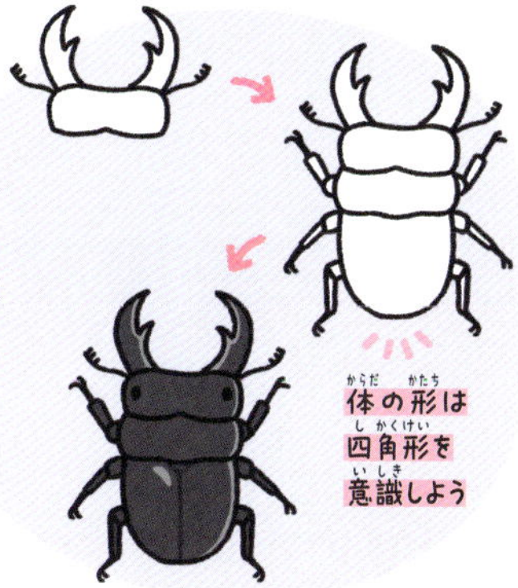

体《からだ》の形《かたち》は四角形《しかくけい》を意識《いしき》しよう

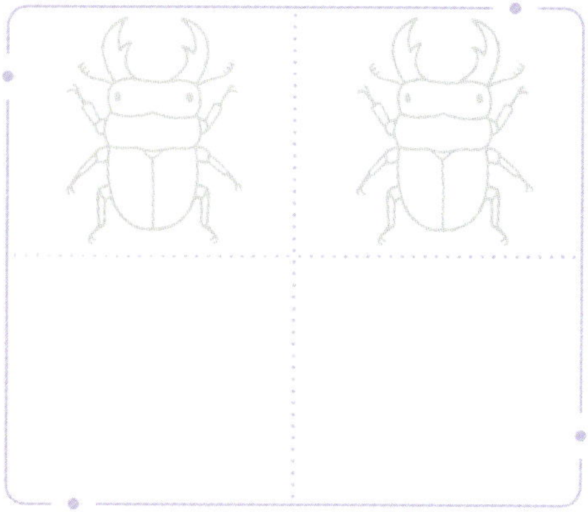

ミツバチ

おなかのシマシマがポイント

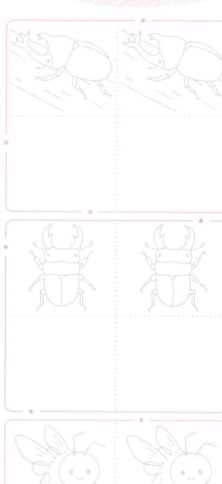

古《こ》代《だい》の生《い》きもの

ティラノサウルス

ブラキオサウルス

プテラノドン

古代《こだい》の恐竜《きょうりゅう》たちを描《か》いてみよう！　背景《はいけい》に火山《かざん》やシダを描《か》くと雰囲気《ふんいき》アップ。自由《じゆう》に想像《そうぞう》をふくらませてね。

ステゴサウルス

トリケラトプス

アンモナイト

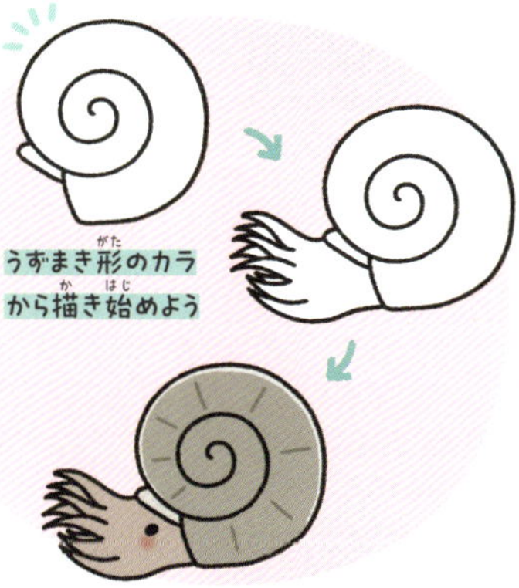

伝説《でんせつ》の生《い》きもの

ユニコーン

馬《うま》に一本角《いっぽんづの》を
描《か》いたら
ユニコーン

ペガサス

馬《うま》に羽《はね》を
描《か》いたら
ペガサスに

フェニックス

炎《ほのお》っぽさは
赤《あか》・オレンジ・
黄色《きいろ》で出《だ》す

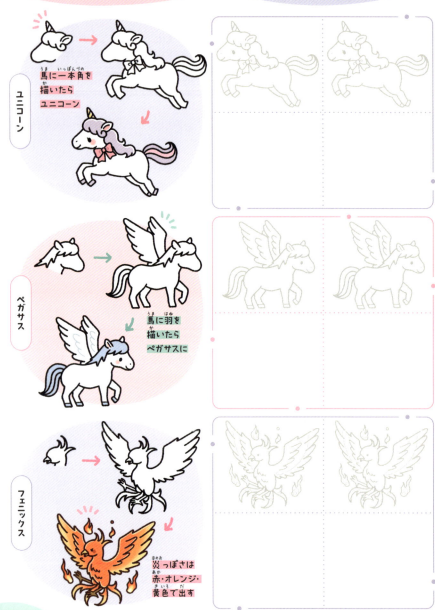

おとぎ話《ばなし》に出《で》てくる生《い》きものを描《か》いてみよう！
フェニックスは火《ひ》、かっぱはきゅうりなど、小物《こもの》をそえると◎。

ドラゴン

口《くち》から火《ひ》を
はかせても
good《グッド》

妖精《ようせい》

キラキラを描《か》くと
光《ひか》った感《かん》じに
見《み》えるよ

人魚《にんぎょ》

下半身《かはんしん》の
魚《さかな》の形《かたち》を
よく観察《かんさつ》してね

伝説《でんせつ》の生《い》きもの

龍《りゅう》

体《からだ》をうねらせるとかっこいい

鬼《おに》

角《つの》とトラがらの服《ふく》がポイントだよ

かっぱ

好物《こうぶつ》のきゅうりを持《も》たせよう

おばけ

前《まえ》に出《だ》した手《て》は
少《すこ》したらしてね

ちょうちんおばけ

ひとだまを描《か》くと
雰囲気《ふんいき》アップ！

九《きゅう》尾《び》のキツネ

しっぽは全部《ぜんぶ》で
9本《ほん》あるよ

コラム 1

封筒《ふうとう》ナシでそのままわたせる♪

かわいい手紙《てがみ》の折《お》り方《かた》

長方形《ちょうほうけい》の紙《かみ》で手紙《てがみ》を書《か》いたら、そのまま折《お》るだけで友《とも》だちにわたせちゃうよ。試《ため》してみてね!

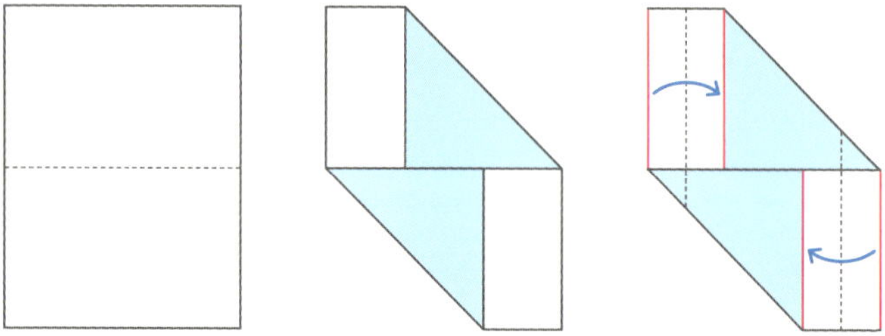

① 長方形《ちょうほうけい》のびんせんを半分《はんぶん》に折《お》って開《ひら》く

② 右上《みぎうえ》と左下《ひだりした》の角《かど》を中心線《ちゅうしんせん》に合《あ》わせて折《お》る

③ 赤《あか》い線《せん》が合《あ》わさるように点線《てんせん》の位置《いち》で折《お》る

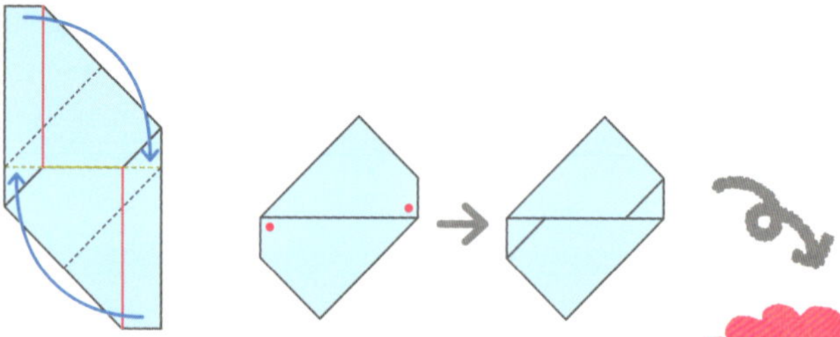

④ 黄色《きいろ》の中心線《ちゅうしんせん》に合《あ》わせて左上《ひだりうえ》と右下《みぎした》の角《かど》を折《お》る

⑤ ・の部分《ぶぶん》を下《した》の三角形《さんかくけい》の中《なか》に差《さ》し込《こ》む

Part《パート》 2

人物《じんぶつ》いろいろ

人《ひと》の表情《ひょうじょう》やヘアスタイルを練習《れんしゅう》して、
かわいく描《か》けるようになっちゃおう！
パティシエや看護師《かんごし》など、
あこがれの職業《しょくぎょう》のイラストもあるよ。

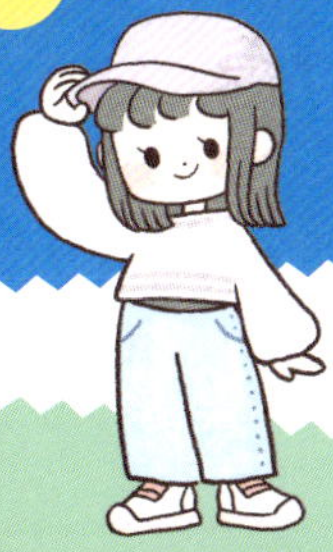

委員会《いいんかい》のポスターを
書《か》きましょう!
わい
わい
今年《ことし》は同《おな》じ委員《いいん》になれたね! 飼育委員《しいくいいん》さん!
グッ
モルモットのぽぽちゃんのイラスト描《か》こうか
いいね!
いろはの友達《ともだち》 くるみ
カキ カキ カキ…
わあ!
じゃ〜ん!
POPO♥
えー! いろはちゃん、絵《え》が上手《じょうず》なんだね!!
そんけい
えへへ
ねえねえ、私《わたし》たちの似顔絵《にがおえ》を入《い》れない? いろはちゃんならかわいく描《か》けそう!
きたいのまなざし〜
うっ…
う、うん…
キーン
コーン…
金曜日《きんようび》までに仕上《しあ》げてね!

自宅《じたく》にて
人《ひと》の顔《かお》なんて
描《か》けないんだけど～！
どうしよ～
はーい、まかせてー！
ぽんっ！
人物《じんぶつ》を描《か》くときのポイント
①表情《ひょうじょう》は目《め》とまゆ毛《げ》がポイント
②顔《かお》の輪郭《りんかく》やパーツの位置《いち》で
年齢《ねんれい》を描《か》き分《わ》けよう
※赤《あか》ちゃんは輪郭《りんかく》を丸《まる》く、顔《かお》のパーツは下寄《したよ》りに。
年齢《ねんれい》が上《あ》がるにつれて輪郭《りんかく》は面長《おもなが》に、パーツは上寄《うえよ》りになるよ。
③ほかのイラストを見《み》て研究《けんきゅう》しよう
なるほど！
後日《ごじつ》…
できたよー！
飼育委員会
わ！ やっぱりうまい！
ありがとう!!
よかった～
いえーい
やったね！

表《ひょう》情《じょう》

基本《きほん》の表情《ひょうじょう》

にこにこ

くすん

爆笑《ばくしょう》

うしし

表情《ひょうじょう》の練習《れんしゅう》をしてみよう！　表情《ひょうじょう》を描《か》くときのポイントは目《め》もと。目《め》やまゆ毛《げ》をよく観察《かんさつ》してみてね。

にやり

泣《な》き笑《わら》い

すん…

ぷんすか

激怒《げきど》

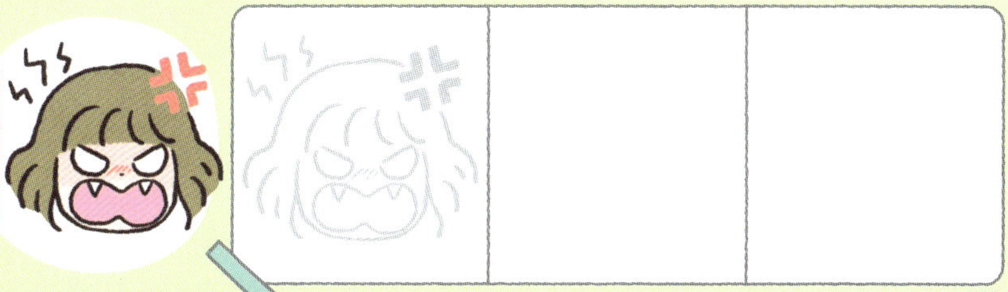

表《ひょう》情《じょう》

しょんぼり

うるうる

号《ごう》泣《きゅう》

まじか！

うんざり

目《め》とまゆ毛《げ》で表情《ひょうじょう》がかなり変《か》わるのがわかるでしょ？

困《こま》った

ガーン

ずーん

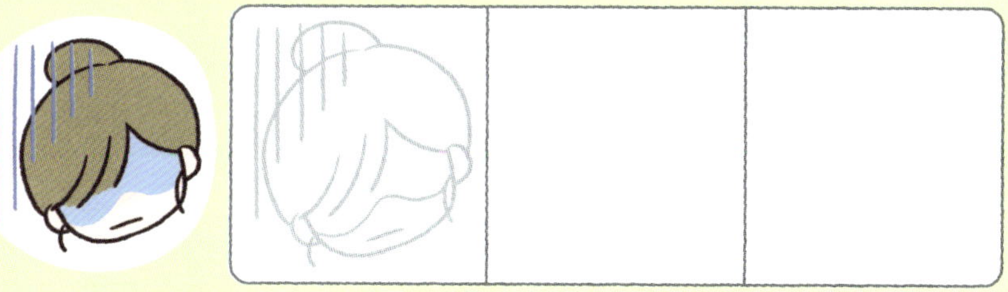

てへぺろ

ねむい

表《ひょう》情《じょう》

家族《かぞく》でおすしを食《た》べに
行《い》く日《ひ》のいろはは
「目《め》キラキラ」の顔《かお》だよ

目《め》キラキラ

キメ顔《がお》

目《め》がバツ

ぺこり

ごめん

じとー

ドキドキ1

ドキドキ2

ウインク

ハート目《め》

ヘアスタイル

ショートカット

ボブ

ロング

おだんご1つ

おだんご2つ

ヘアスタイルの練習《れんしゅう》をしてみよう！　同《おな》じ表情《ひょうじょう》でも、
かみ型《がた》で雰囲気《ふんいき》をガラッと変《か》えることができるよ。

ポニーテール

みつあみ

パーマ

男《おとこ》の子《こ》短《みじか》め

男《おとこ》の子《こ》長《なが》め

手《て》の動《うご》き

グー

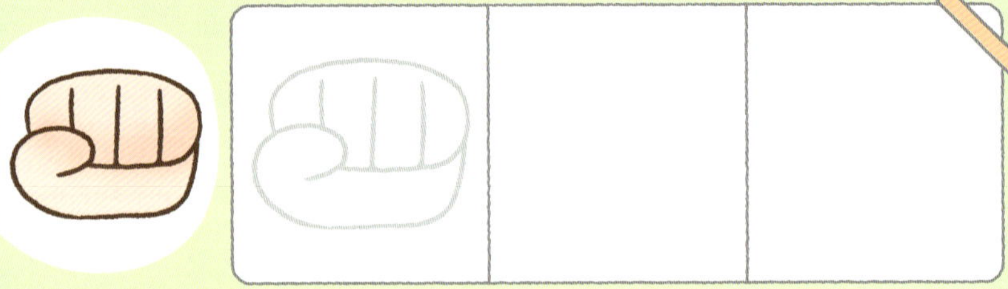

チョキ

パー

OK《オーケー》

ごめん

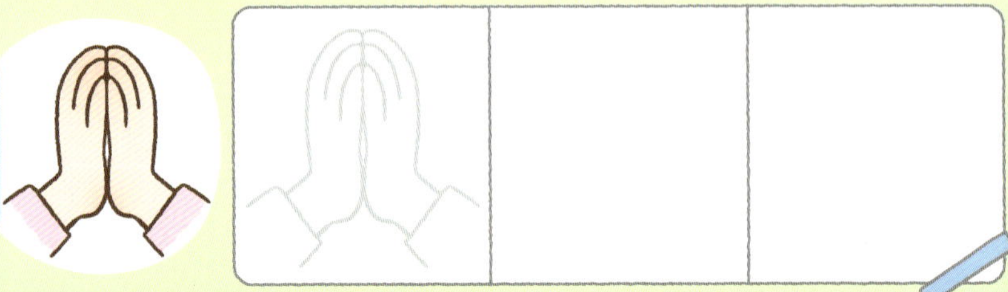

手《て》の動《うご》きを描《か》いてみよう！　顔《かお》のイラストにそえても、絵文字《えもじ》みたいに手紙《てがみ》や日記《にっき》で使《つか》ってもかわいいよ。

ポイント

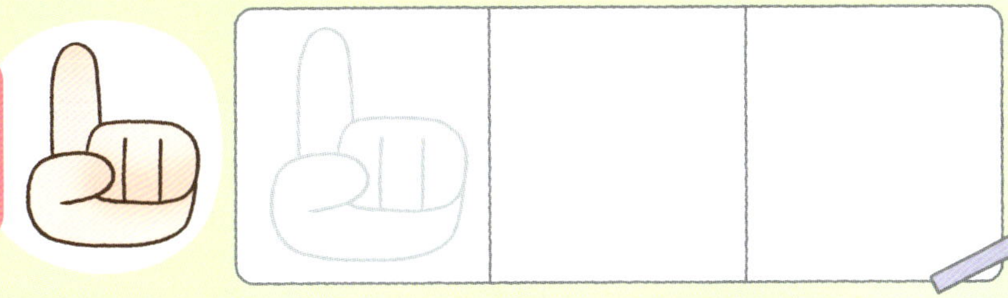

ここ見《み》て！

グッド

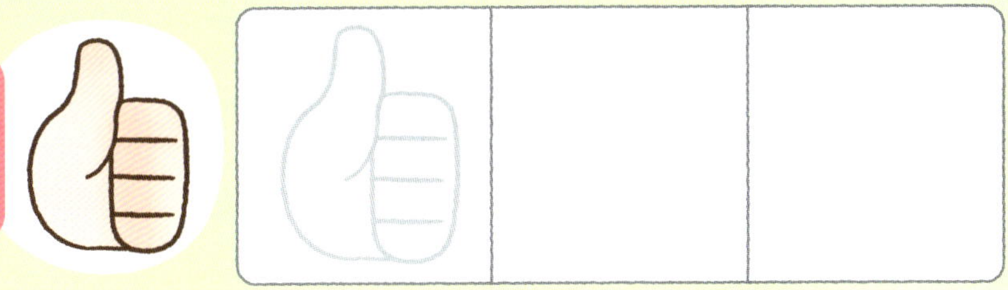

ブーイング

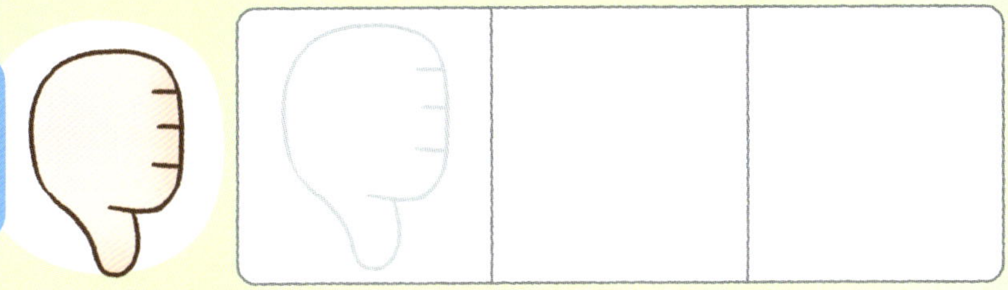

拍手《はくしゅ》

いろんな年齢《ねんれい》の人《ひと》

女《おんな》の子《こ》1

顔《かお》の輪郭《りんかく》は
上《うえ》が広《ひろ》くなるよ

女《おんな》の子《こ》2

耳《みみ》をかくすときは
輪郭《りんかく》をU《ユー》の字《じ》の
形《かたち》に

男《おとこ》の子《こ》1

子《こ》どもの顔《かお》は
丸《まる》く描《か》こう

いろんな年齢《ねんれい》の人物《じんぶつ》を描《か》いてみよう！　顔《かお》の形《かたち》やパーツの位置《いち》を変《か》えると、年齢《ねんれい》の描《か》き分《わ》けができるよ。

男《おとこ》の子《こ》2

前《まえ》がみで変化《へんか》をつけてもgood《グッド》

大人《おとな》の男性《だんせい》

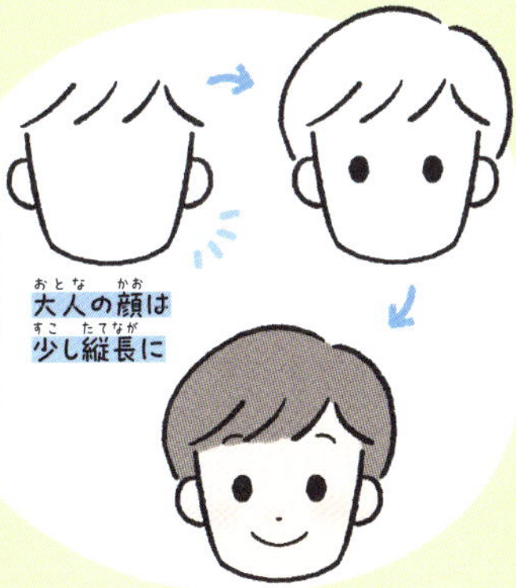

大人《おとな》の顔《かお》は少《すこ》し縦長《たてなが》に

大人《おとな》の女性《じょせい》

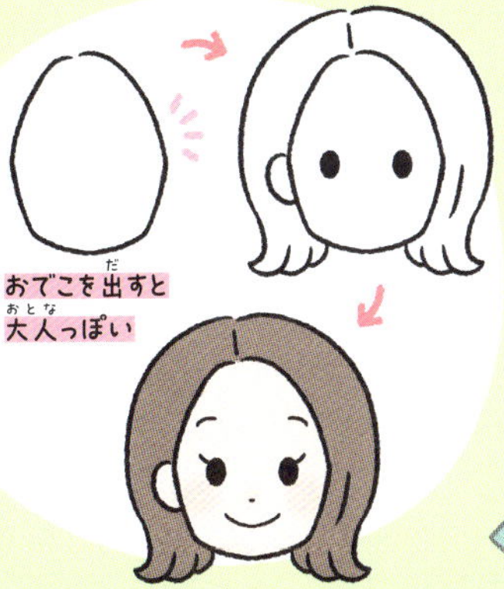

おでこを出《だ》すと大人《おとな》っぽい

いろんな年齢《ねんれい》の人《ひと》

赤《あか》ちゃん

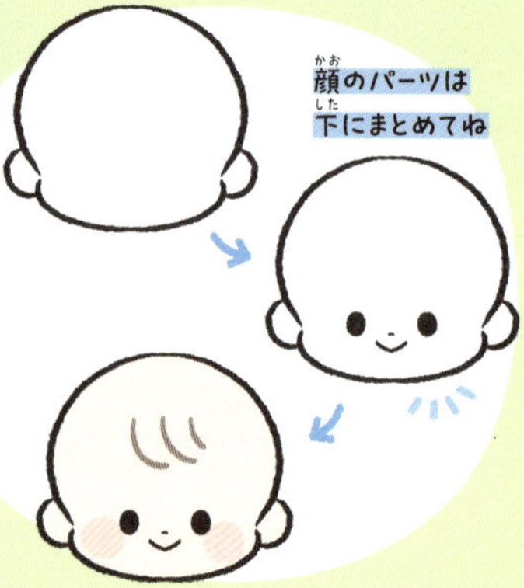

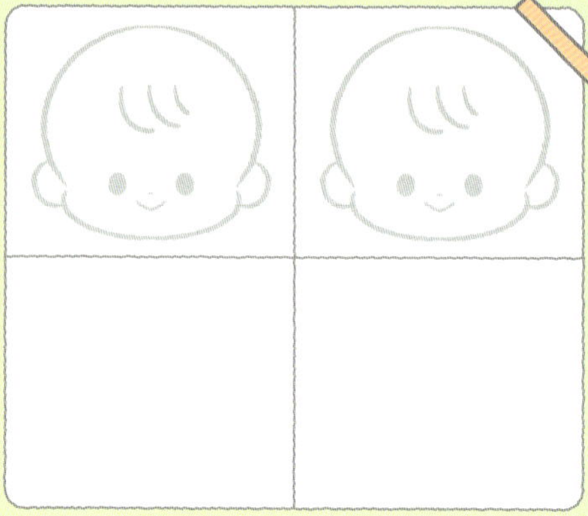

おじいちゃん

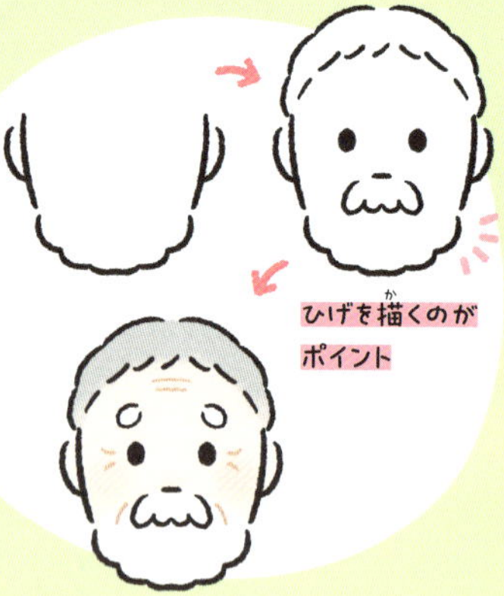

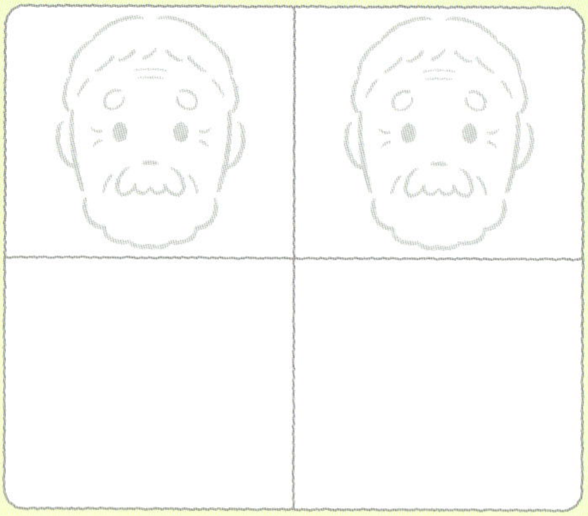

おばあちゃん

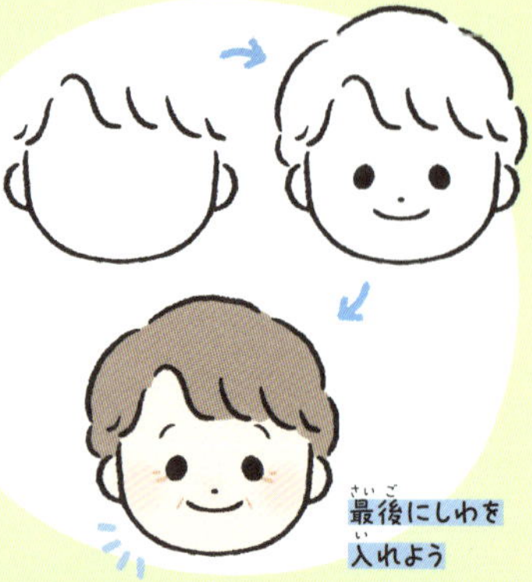

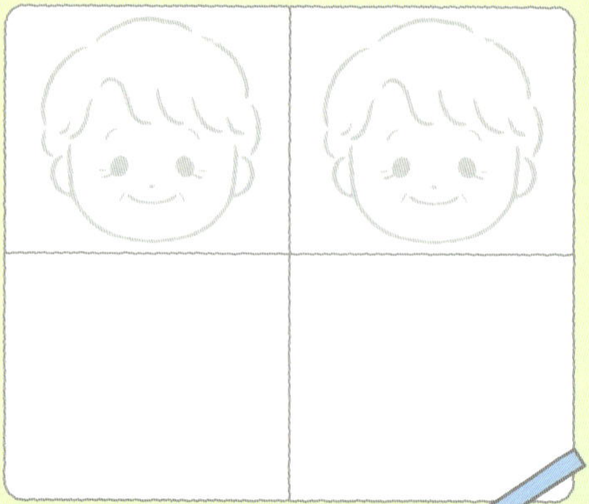

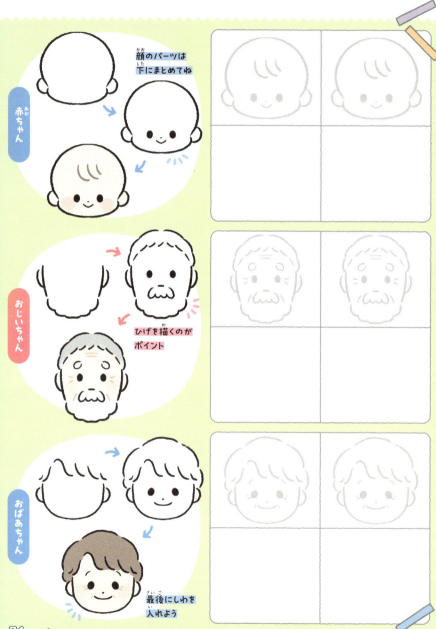

赤《あか》ちゃんのかみの毛《け》って
ホワホワだよね～

イラストアイデア！

体《からだ》より頭《あたま》を大《おお》きく
描《か》くといいよ

首《くび》を描《か》かない
ほうが子《こ》どもらしい

大人《おとな》は目《め》と鼻《はな》を
子《こ》どもより離《はな》して

顔《かお》とかたをくっつけると
背中《せなか》が丸《まる》まった
感《かん》じが出《で》る

おしゃれコーデ

ガーリー

メガネをかけて
知的《ちてき》な感《かん》じに

オルチャン

みつあみで
スッキリと

カジュアル

サングラスで
かっこよく

いろんな服装《ふくそう》を描《か》いてみよう！　ふんわりした服《ふく》は
ゆるやかな線《せん》、かっこいい服《ふく》はまっすぐな線《せん》で描《か》くのがコツ。

大人《おとな》っぽ

アップにしてもかわいいよ

男子《だんし》カジュアル

キャップをかぶせて活動的《かつどうてき》に

男子《だんし》きれいめ

前《まえ》がみで変化《へんか》をつけてもgood《グッド》

上《じょう》半《はん》身《しん》のポーズと動《どう》作《さ》

さけぶ

手《て》ぶくろのような
形《かたち》で描《か》こう

ほおづえ

ハートや
豆《まめ》のような
形《かたち》で描《か》こう

ギャルピース

指《ゆび》の向《む》きと数《かず》に
注意《ちゅうい》してね

手《て》やうでに動《うご》きのあるポーズを描《か》いてみよう！
左右《さゆう》の手《て》の動《うご》きが同《おな》じポーズは、左右対称《さゆうたいしょう》を意識《いしき》するといいよ。

バンザイ

ガッツポーズ

かたをすくめる

上半身《じょうはんしん》のポーズと動作《どうさ》

本《ほん》を読《よ》む

手《て》は丸《まる》で
描《か》くと簡単《かんたん》!

ノートをとる

ノートに手《て》を
そえると
自然《しぜん》に見《み》える

プレゼントをわたす

プレゼントは
好《す》きな形《かたち》でOK《オーケー》

PC《ピーシー》は personal《パーソナル》
computer《コンピューター》の略《りゃく》だよ!
もの知《し》りでしょ?

パソコンを使《つか》う

パソコンから
描《か》き始《はじ》めるよ

イラストアイデア!

二人《ふたり》とも親指《おやゆび》が
上《うえ》になるよ

ハイタッチは
「ごめんね」の手《て》で

親指《おやゆび》は一人《ひとり》が上《うえ》、
一人《ひとり》が下《した》に

手《て》の向《む》きで親指《おやゆび》を
描《か》くかどうかが変《か》わるよ

全身《ぜんしん》のポーズと動作《どうさ》

歩《ある》く

前《まえ》に出《だ》す手《て》と足《あし》は
左右逆《さゆうぎゃく》になるよ

走《はし》る

かみをなびかせると
スピード感《かん》が出《で》る

全身《ぜんしん》を使《つか》った動作《どうさ》を描《か》いてみよう!
手《て》と足《あし》の位置《いち》がどうなっているか、よく見《み》て描《か》いてみてね。

おじぎ

体育座《たいいくずわ》り

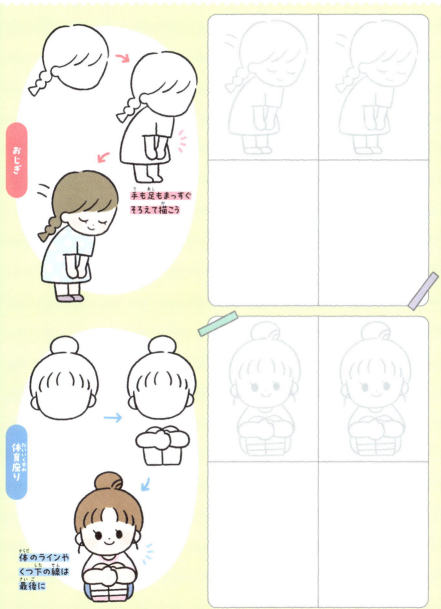

全《ぜん》身《しん》のポーズと動《どう》作《さ》

ごろ寝《ね》

うでの線《せん》は
顔《かお》の横《よこ》から出《だ》すよ

だだをこねる

手《て》を2本《ほん》ずつ描《か》いて
動《うご》きを出《だ》そう

ふり返《かえ》る

かべからチラ見《み》

全身《ぜんしん》のポーズと動作《どうさ》

ボールをける

右足《みぎあし》で
けるとき、
前《まえ》に出《で》る手《て》は
左《ひだり》だよ

ボールを投《な》げる

片足《かたあし》を上《あ》げると
躍動感《やくどうかん》アップ!

毎日重《まいにちおも》そうな
ランドセルを背負《せお》って、
小学生《しょうがくせい》はえらい!

自転車《じてんしゃ》に乗《の》る

後輪《こうりん》が前輪《ぜんりん》より
小《ちい》さくならないように

ランドセルを背負《せお》う

ランドセルを
見《み》せるように
描《か》こう

職《しょく》業《ぎょう》

学校《がっこう》の先生《せんせい》

本《ほん》やチョークを持《も》たせてね

保育士《ほいくし》

かわいいポケットがポイント

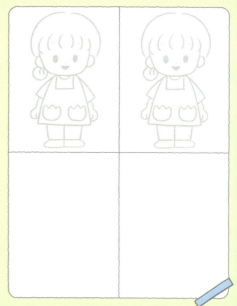

いろんな職業《しょくぎょう》のイラストを描《か》いてみよう!
その職業《しょくぎょう》らしさが出《で》る服装《ふくそう》や小物《こもの》を取《と》り入《い》れるのがコツだよ。

医《い》師《し》

聴診器《ちょうしんき》を描《か》くと
お医者《いしゃ》さん感《かん》アップ

看《かん》護《ご》師《し》

胸《むね》ポケットに
小物《こもの》を入《い》れよう

職《しょく》業《ぎょう》

パティシエ

首《くび》にスカーフなど
を描《か》こう

イラストレーター

絵《え》を描《か》く道具《どうぐ》を
持《も》たせてね

アイドル

マイクと手《て》から
描《か》き始《はじ》めるよ

警察官《けいさつかん》

敬礼《けいれい》する手《て》を
先《さき》に描《か》こう

職業《しょくぎょう》

美容師《びようし》

はさみを入《い》れる
ケースがポイント

薬剤師《やくざいし》

薬《くすり》のふくろを
持《も》たせてね

パン屋《や》さんの前《まえ》を通《とお》ると、いい香《かお》りがするよねえ……

パン屋《や》さん

ぼうしは少《すこ》し
ななめがかわいい

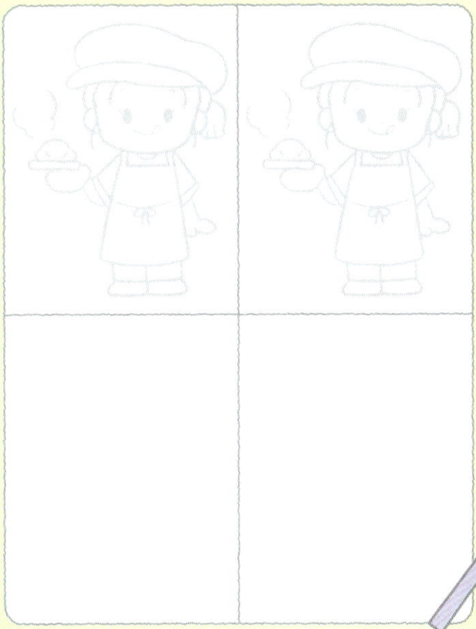

会社員《かいしゃいん》

スーツには少《すこ》し
くびれを入《い》れよう

コラム 2

ノートや手紙《てがみ》がグレードアップ！

デコ文字《もじ》を描《か》いてみよう

かざりのついた文字《もじ》にチャレンジしてみよう！
目立《めだ》たせたいところに使《つか》うのがおすすめ。

ふくろ文字《もじ》の描《か》き方《かた》

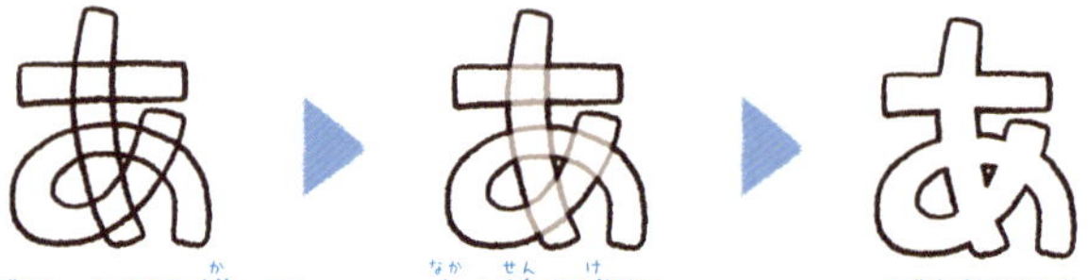

線《せん》ごとにふくろを描《か》いて　中《なか》の線《せん》を消《け》す！　できあがり♪

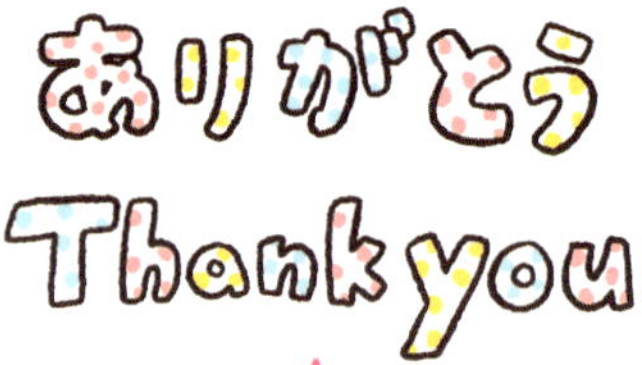

ふくろ文字《もじ》（ドットがら）

ふくろ文字《もじ》（かげつき）

ふくろ文字《もじ》（ななめストライプ）

ふくろ文字《もじ》（ぷっくり）

ありがとう
Thank you

ふくろ文字《もじ》（とんがり）

ありがとう
Thank you

部分的《ぶぶんてき》にふくろ文字《もじ》

ありがとう
Thank you

かこみつき

ありがとう
Thank you

点《てん》つなぎ風《ふう》

数字《すうじ》の描《か》き方《かた》

1 2 3 4 5 6 7 8 9 0

記号《きごう》の描《か》き方《かた》

♪ ♫ @ * ¥ $ ♡ ! ?

Happy Birthday
OK
注目!!
プレゼント
THANK YOU
グッド
GooD
いそげ!
またね
100
てん!

Part《パート》 3

食《た》べもの いろいろ

野菜《やさい》や果物《くだもの》から、みんなが好《す》きなメニューまで、
いろんな食《た》べものを描《か》いてみよう！
かわいくおいしそうに描《か》くコツを
教《おし》えちゃうよ。

くるみちゃんへ
今度《こんど》うちでパンケーキパーティしよう!
いろ
二人《ふたり》でパンケーキ焼《や》いてバターとクリーム乗《の》せて…
楽《たの》しそ〜!
そのお手紙《てがみ》にパンケーキのイラストを描《か》いたらかわいいよね〜
わ!
今日《きょう》はいろはに食《た》べものの描《か》き方《かた》を教《おし》えてあげようと思《おも》って
手紙《てがみ》とか、手帳《てちょう》のすみっこにちょっとした食《た》べものの絵《え》が描《か》けると便利《べんり》だよ
いつも突然《とつぜん》だなあ

食《た》べものをおいしそうに描《か》くためのコツはこれ！
食《た》べものを描《か》くときのポイント
①形《かたち》をよく見《み》て特徴《とくちょう》をつかもう
②色使《いろづか》いをカラフルにしよう
③トッピングはちょっと大《おお》げさに
※ケーキの上《うえ》のイチゴや、すしネタは大《おお》きめくらいがちょうどいい！
上手《じょうず》に描《か》けるようになったら…
うん うん
食《た》べたいものを全部《ぜんぶ》描《か》いて食《た》べたつもりになろうっと！

スイーツ

ショートケーキ（ホール）

半円《はんえん》の上《うえ》に
クリームを描《か》くよ

ショートケーキ

スポンジは
三角《さんかく》と四角《しかく》で

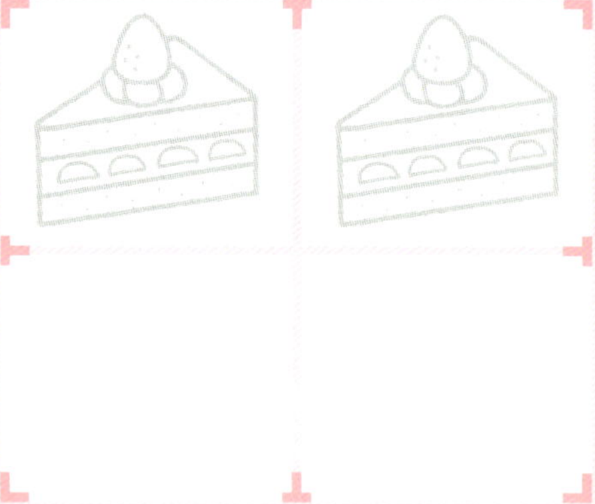

ロールケーキ

丸《まる》に沿《そ》って
内側《うちがわ》に
線《せん》を描《か》いてね

みんな大好《だいす》きなスイーツを描《か》いてみよう！
カラフルな色使《いろづか》いにすると、見《み》た目《め》にも楽《たの》しくなるよ♪

モンブラン

パフェ

パンケーキ

シフォンケーキ

チーズケーキ

スイーツ

シュークリーム

ワッフル

ドーナツ

クレープ

エクレア

アップルパイ

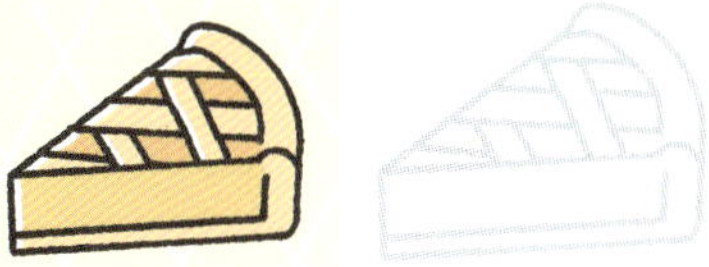

プリン

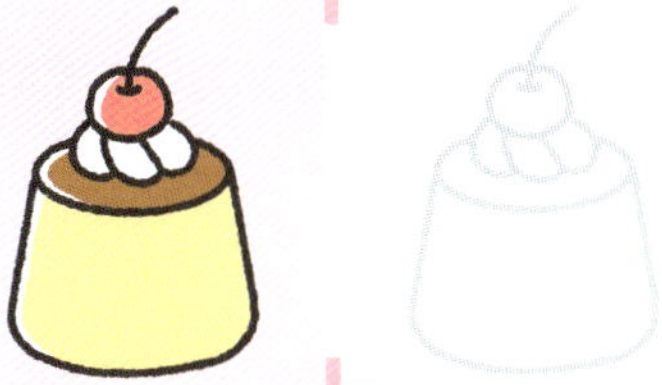

ゼリー

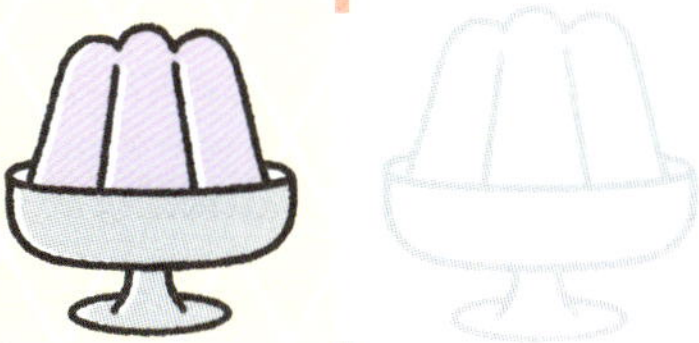

ソフトクリーム

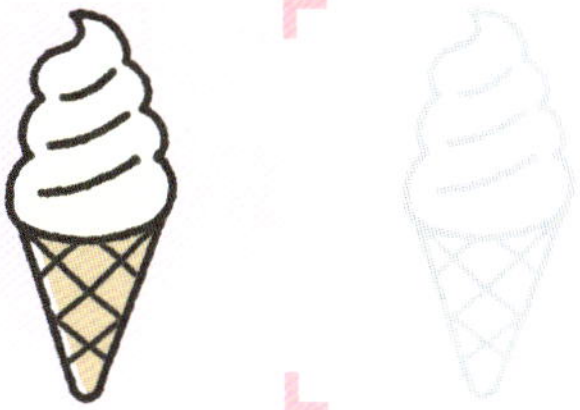

アイスバー

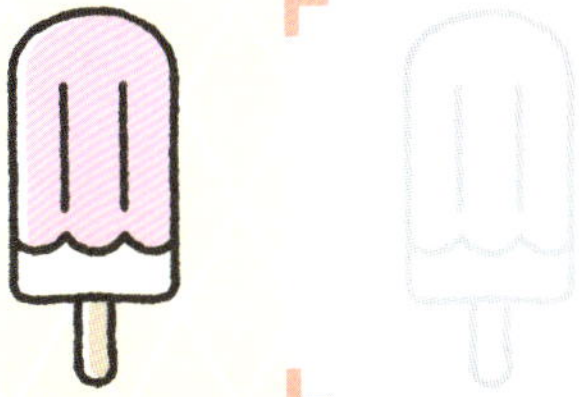

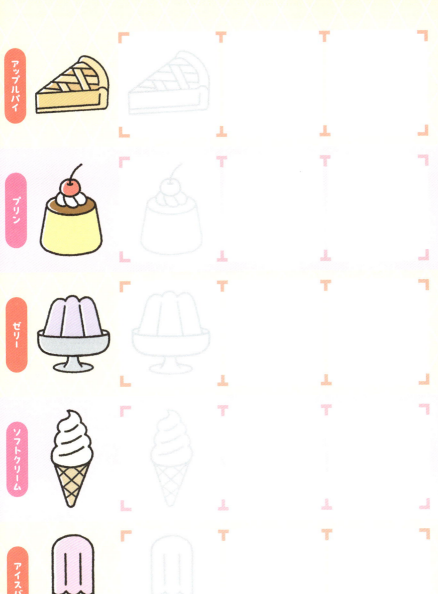

スイーツ

クッキー

板《いた》チョコ

うずまきキャンディー

3色《しょく》だんご

かしわもち

ぼく、たい焼《や》きは
しっぽから食《た》べる派《は》!

たい焼《や》き

どら焼《や》き

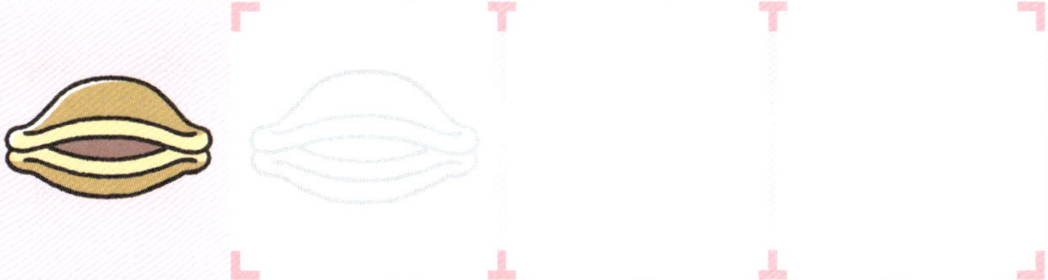

せんべい

イラストアイデア!

ふくろはあえて
ゆがんだ線《せん》で
描《か》くとgood《グッド》

カップのふちは
ギザギザ線《せん》で表《あらわ》すよ

屋《や》根《ね》から
描《か》き始《はじ》めて、
お菓《か》子《し》でデコろう!

いろんな
色《いろ》でぬって
カラフルに

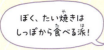

果《くだ》物《もの》

りんご

真《ま》ん中《なか》を少《すこ》し
くぼませてね

ぶどう

下方向《したほうこう》に丸《まる》を
重《かさ》ねていくよ

バナナ

奥《おく》にも
2本《ほん》描《か》こう

おいしそうな果物《くだもの》を描《か》いてみよう!
曲線《きょくせん》が描《か》きにくいときは、本《ほん》や紙《かみ》を回転《かいてん》させて描《か》くといいよ。

いちご

みかん

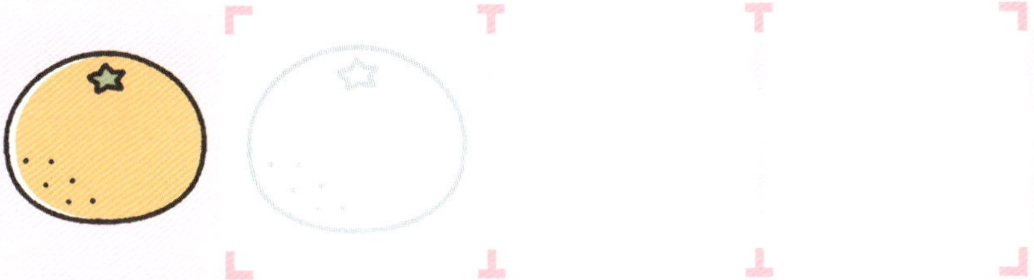

パイナップル

レモン

もも

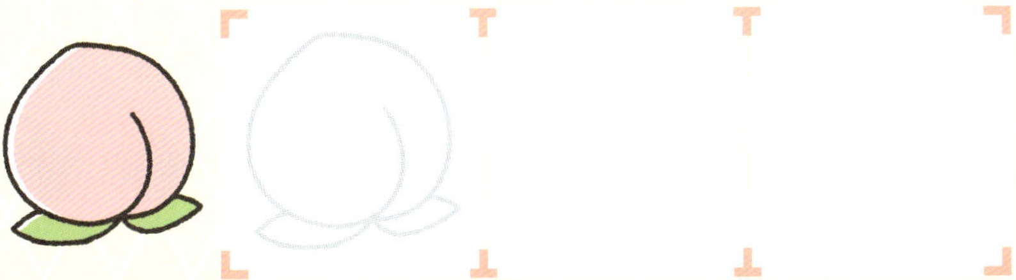

果《くだ》物《もの》

キウイを食《た》べると
「きゅ〜」って顔《かお》になるよね

キウイ

すいか

メロン

洋《よう》なし

かき

さくらんぼ

マンゴー

ブルーベリー

イラストアイデア!

三角形《さんかくけい》から
描《か》き始《はじ》めてね

ななめの線《せん》を描《か》くと
かごらしくなるよ

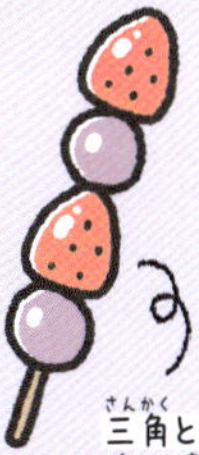

三角《さんかく》と丸《まる》を
組《く》み合《あ》わせたら
フルーツあめに

タルトには好《す》きな
果物《くだもの》を乗《の》せてみよう♪

野《や》菜《さい》

トマト

キャベツ

にんじん

なす

ブロッコリー

いろんな野菜《やさい》を描《か》いてみよう！　果物《くだもの》と同《おな》じで
曲線《きょくせん》が多《おお》いよ。形《かたち》をよく見《み》て特徴《とくちょう》をつかんでね。

とうもろこし

ほうれんそう

たまねぎ

イラストアイデア！

じゃがいもは
少《すこ》しいびつな丸《まる》で

豆《まめ》に顔《かお》を描《か》くと
かわいい

大根《だいこん》は上《うえ》のほうを
黄緑《きみどり》でぬると◎

断面《だんめん》のゆがんだ
線《せん》がポイント

パン

食《しょく》パン

上《うえ》の部分《ぶぶん》は
少《すこ》しふっくらと

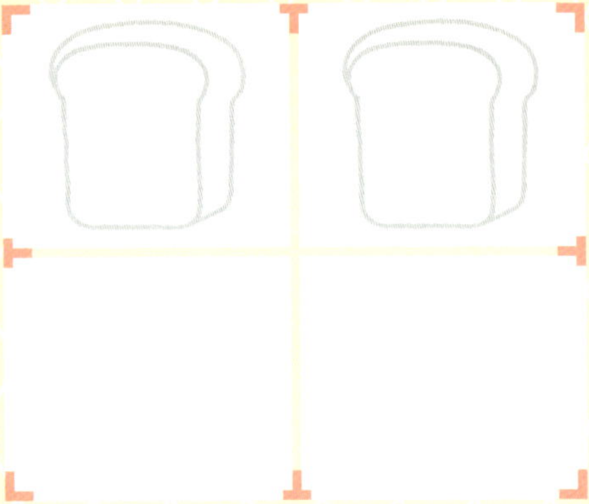

クロワッサン

真《ま》ん中《なか》から
描《か》き始《はじ》めるよ

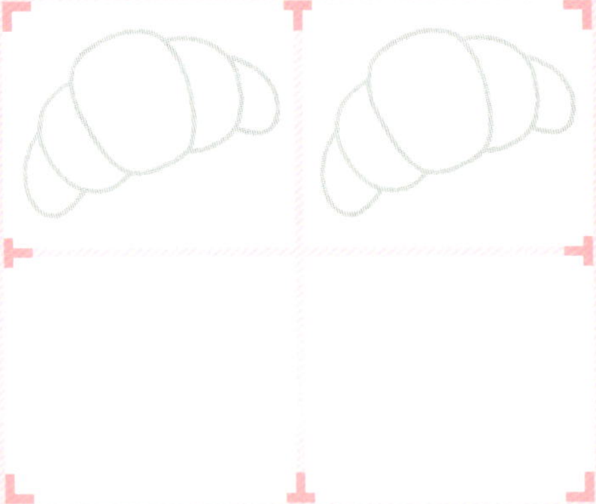

メロンパン

上半分《うえはんぶん》は
もこもこさせよう

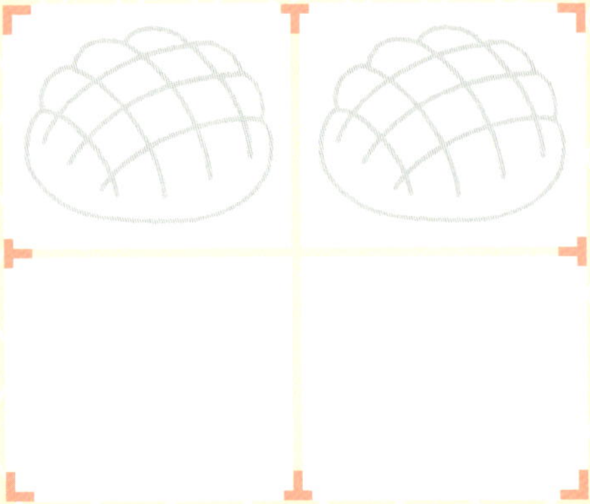

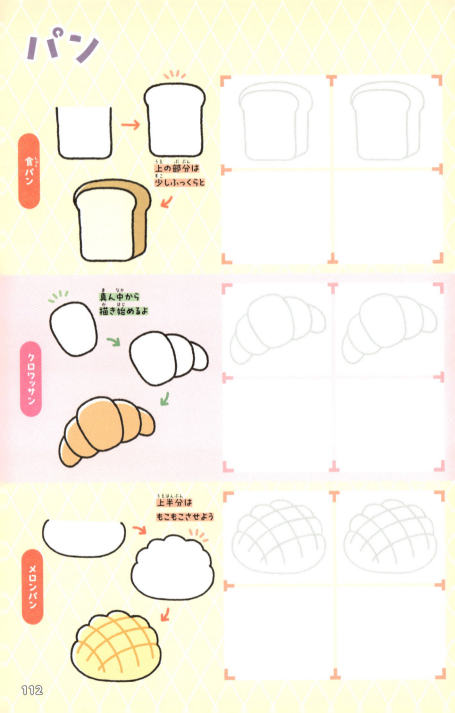

よく見《み》るパンを描《か》いてみよう！　あんパンならあんこ、サンドイッチなら具材《ぐざい》など、特徴《とくちょう》を目立《めだ》たせると◎。

あんパン

チョココロネ

フランスパン

ホットドッグ

サンドイッチ

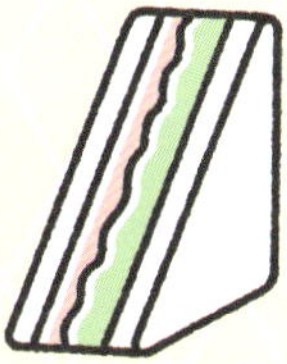

ドリンク

テイクアウトコーヒー

カップは下《した》が細《ほそ》くなるよ

フルーツドリンク

丸《まる》に線《せん》を引《ひ》いて
オレンジに

クリームソーダ

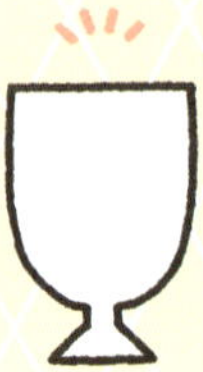

グラスは
左右対称《さゆうたいしょう》に

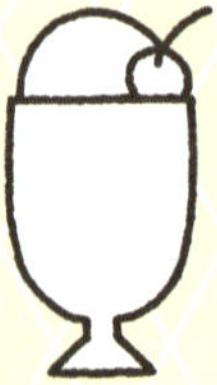

おなじみのドリンクを描《か》いてみよう！　飲《の》みものは容器《ようき》がポイント。それぞれに合《あ》った容器《ようき》で描《か》くのがコツだよ。

緑茶《りょくちゃ》

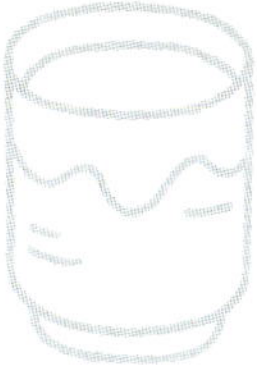

紅茶《こうちゃ》

ジュース

ペットボトル

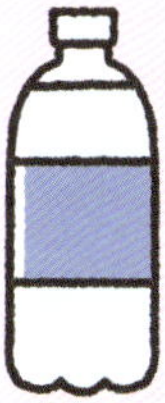

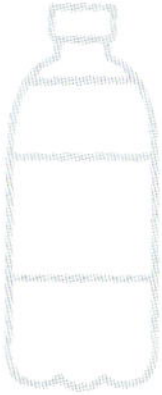

牛乳《ぎゅうにゅう》

みんなの好《す》きなメニュー

カレーライス

下側《したがわ》が広《ひろ》がるように
カレーを描《か》こう

おすし

すしげたに乗《の》せると
雰囲気《ふんいき》が出《で》る

ラーメン

のりを描《か》く右上《みぎうえ》は
空《あ》けておこう

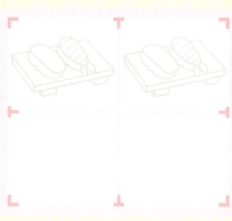

人気《にんき》のメニューを描《か》いてみよう！　めん類《るい》は先《さき》に
かたまりを描《か》いてから中《なか》に線《せん》を入《い》れると、上手《じょうず》に描《か》けるよ。

パスタ

ソースとパスタの
輪郭《りんかく》から描《か》くよ

ハンバーグ

ハンバーグには
焼《や》き目《め》を描《か》こう

おこさまランチ

ライスに旗《はた》を
立《た》てると◎

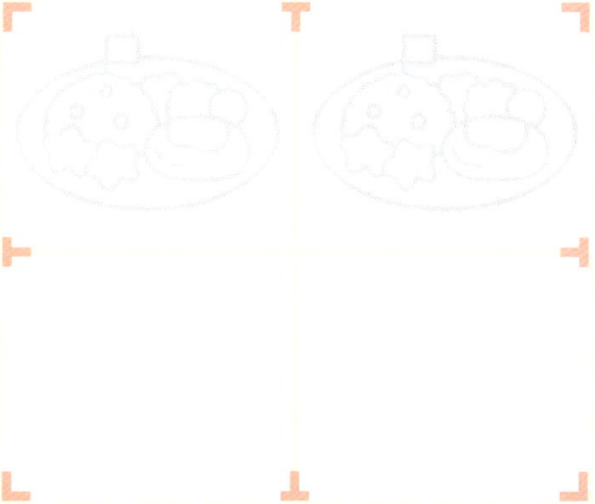

みんなの好《す》きなメニュー

おにぎり

うどん

そば

おもち

目《め》玉《だま》焼《や》き

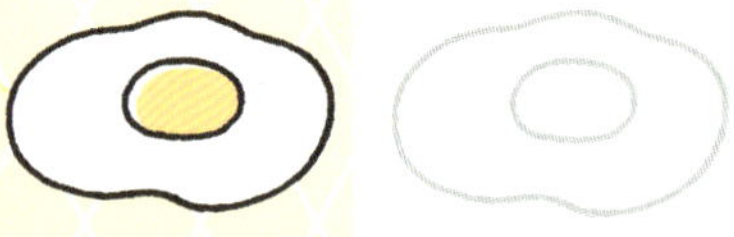

だれかオムライスにぼくの顔《かお》
描《か》いてくれないかな……

ハンバーガー

フライドポテト

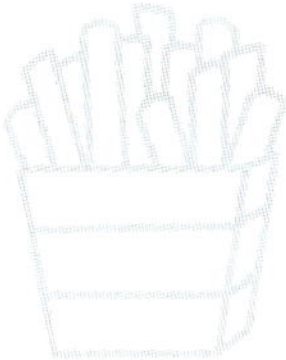

ピザ

イラストアイデア!

からあげは
でこぼこした線《せん》で
描《か》こう

ケチャップで
顔《かお》やハートを
描《か》くとかわいい

ゆげを描《か》くと
できたて感《かん》が出《で》るよ

お肉《にく》に焼《や》き目《め》を
つけるとおいしそう♪

イラストで気《き》持《も》ちがもっと伝《つた》わる！

スタンプ風《ふう》イラストを描《か》こう

カンタンな線《せん》で描《か》けるスタンプ風《ふう》イラストを集《あつ》めたよ。
文《も》字《じ》だけよりも気《き》持《も》ちがぐーんと伝《つた》わるね！

絵《え》文《も》字《じ》風《ふう》イラスト

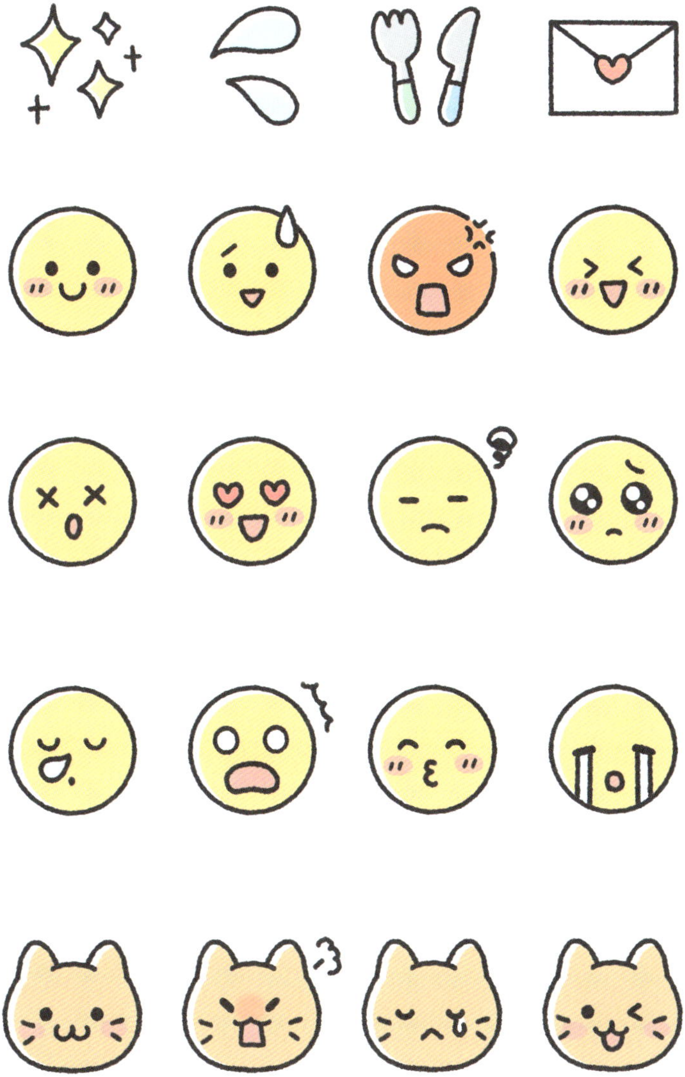

スタンプ風《ふう》イラスト

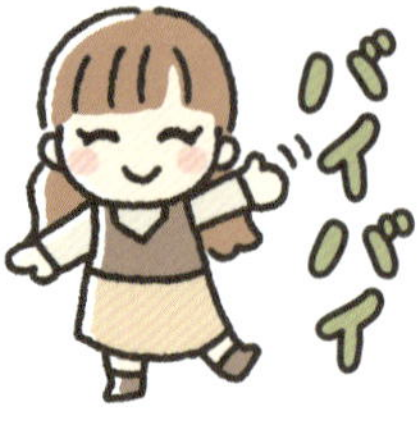

Part《パート》 4

生活《せいかつ》いろいろ

学校《がっこう》で使《つか》う道具《どうぐ》やファッション小物《こもの》など、
生活《せいかつ》にかかわるいろんなイラストを描《か》いてみよう！
星座《せいざ》や季節《きせつ》の行事《ぎょうじ》のイラストもあるよ。

生活《せいかつ》に関《かか》わるものの 描《か》き方《かた》のポイント

①実物《じつぶつ》よりも単純《たんじゅん》に描《か》こう

②好《す》きな色《いろ》でぬろう

※実物《じつぶつ》とちがう色《いろ》でもOK《オーケー》！
気分《きぶん》が上《あ》がる、かわいい色使《いろづか》いにしてみよう。

③図形《ずけい》を意識《いしき》しよう

※四角《しかく》や丸《まる》になっているところは、図形《ずけい》を描《か》くようなつもりで！

いろはちゃんのノートすっごくかわいい！
POINT!
NOTE
私《わたし》、絵《え》があまり上手《じょうず》じゃないからうらやましいな……
NOTE
私《わたし》も、前《まえ》は絵《え》を描《か》くのニガテだったんだよ
え!?
NOTE
一緒《いっしょ》に練習《れんしゅう》しよう！
うん！
よかったね

学校《がっこう》で使《つか》うもの

えんぴつ

消《け》しゴム

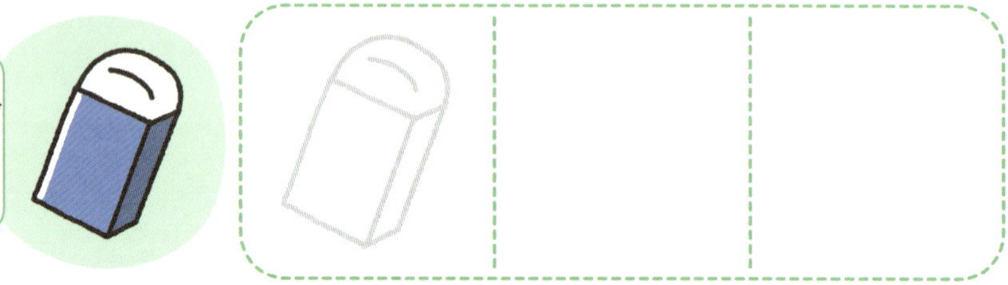

ノート

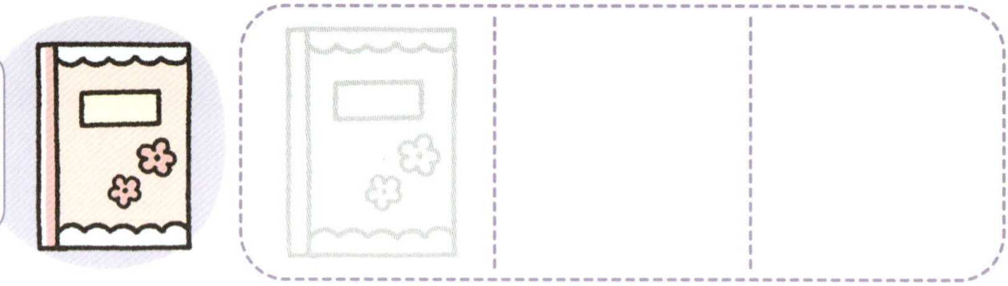

じょうぎ

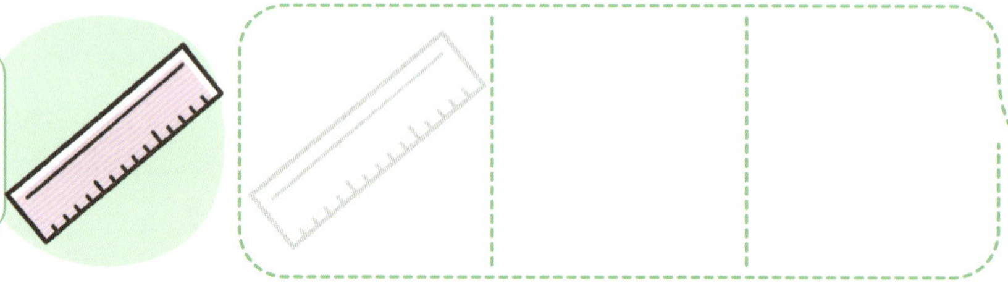

はさみ

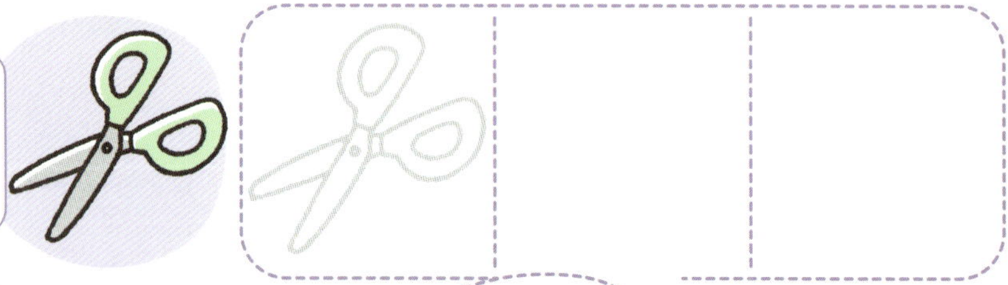

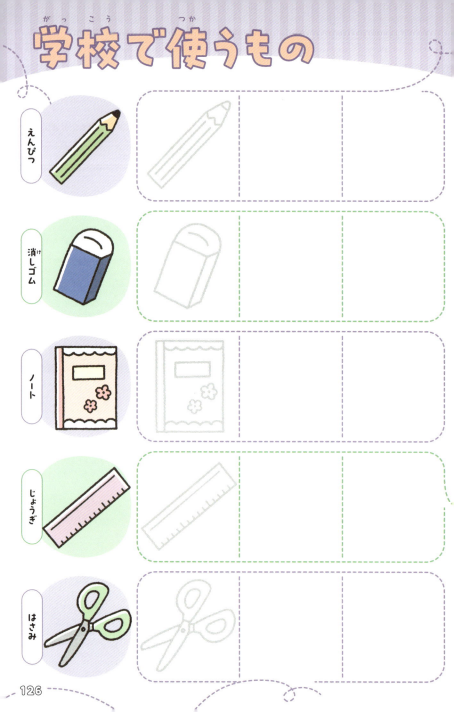

学校《がっこう》で使《つか》う道具《どうぐ》を描《か》いてみよう!
実物《じつぶつ》とはちがう色《いろ》でぬってもOK《オーケー》。かわいく仕《し》上《あ》げちゃおう。

のり

コンパス

ランドセル

うわばき

水筒《すいとう》

時《じ》間《かん》割《わり》のモチーフ

国語《こくご》

算数《さんすう》

理科《りか》

社会《しゃかい》

英語《えいご》

学校《がっこう》の教科《きょうか》を表《あらわ》すモチーフを描《か》いてみよう。
時間割表《じかんわりひょう》や連絡帳《れんらくちょう》に使《つか》ってもかわいいよ！

図工《ずこう》

音楽《おんがく》

体育《たいいく》

家庭科《かていか》

書写《しょしゃ》

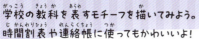

ファッション小物《こもの》

キャップ

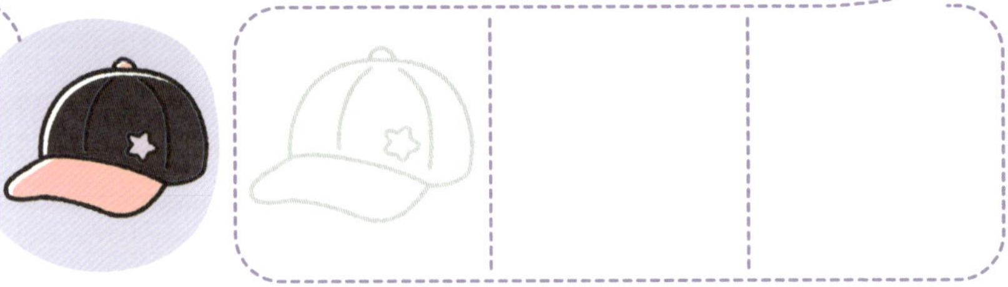

ニット帽《ぼう》

ハット

ヘアピン

リボン

おしゃれなファッション小物《こもの》を描《か》いてみよう！
お花《はな》やハートなど、好《す》きなモチーフを取《と》り入《い》れるとgood《グッド》。

ネックレス

イヤリング

指輪《ゆびわ》

うで時《ど》計《けい》

マフラー

ファッション小《こ》物《もの》

スニーカー

ブーツ

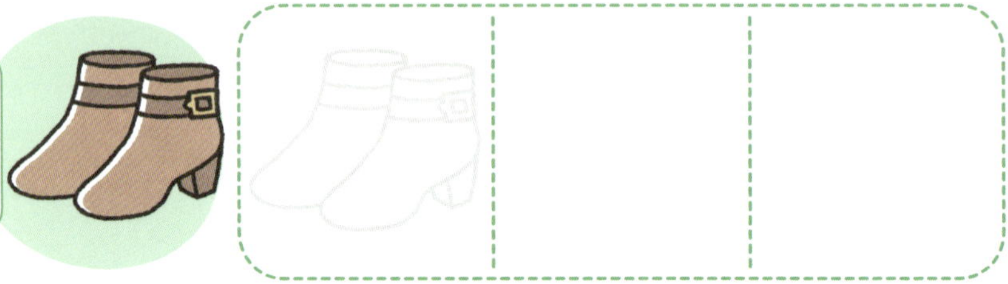

サンダル

ローファー

ハイヒール

リュック

ショルダーバッグ

かごバッグ

イラストアイデア!

ドットがら

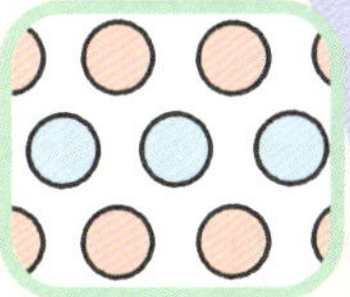

ひし形《がた》をイメージして
丸《まる》を並《なら》べてね

ストライプがら

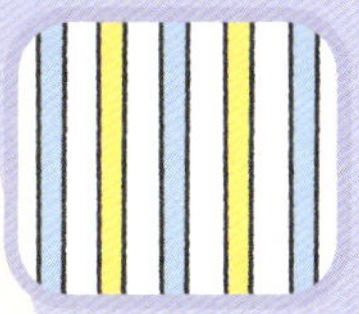

線《せん》の太《ふと》さによって
印象《いんしょう》が変《か》わるよ

小花《こばな》がら

3つセットのお花《はな》を
いくつも描《か》こう

ヒョウがら

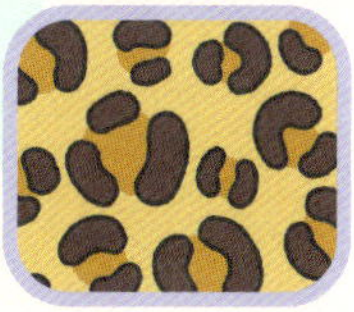

大《おお》きさのちがう
丸《まる》の上《うえ》に、黒《くろ》や
こげ茶《ちゃ》で模様《もよう》を描《か》こう

メイク小物《こもの》

手鏡《てかがみ》

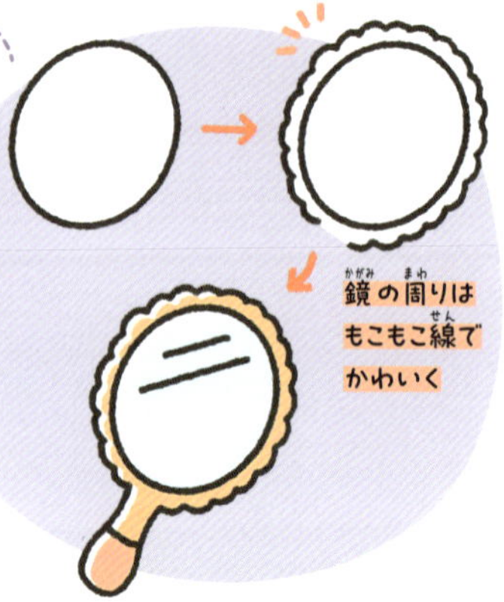

鏡《かがみ》の周《まわ》りは
もこもこ線《せん》で
かわいく

リップ

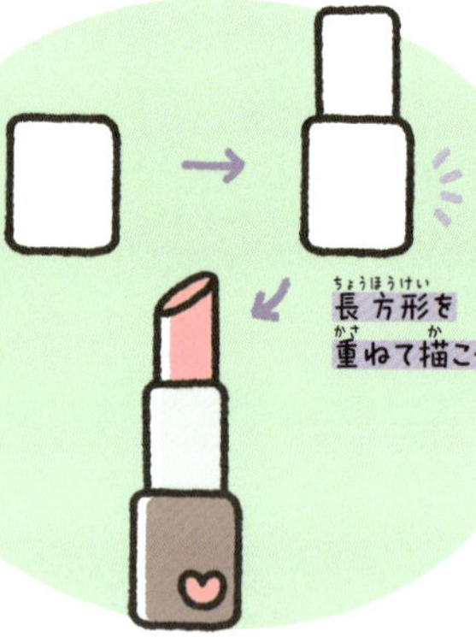

長方形《ちょうほうけい》を
重《かさ》ねて描《か》こう

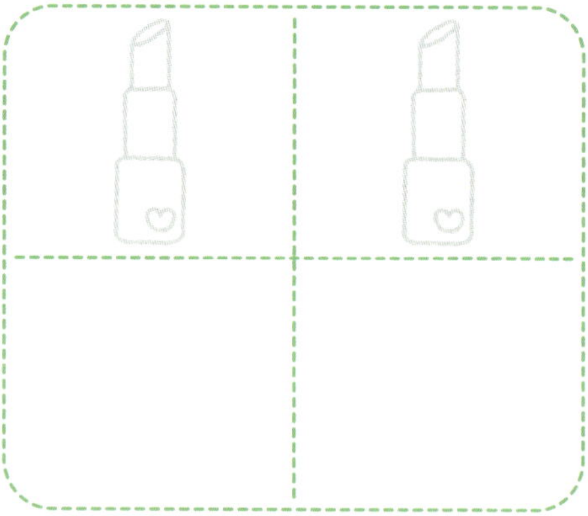

パウダー

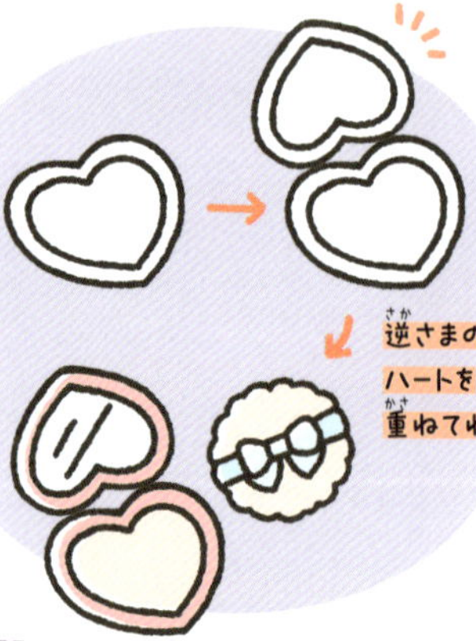

逆《さか》さまの
ハートを
重《かさ》ねてね

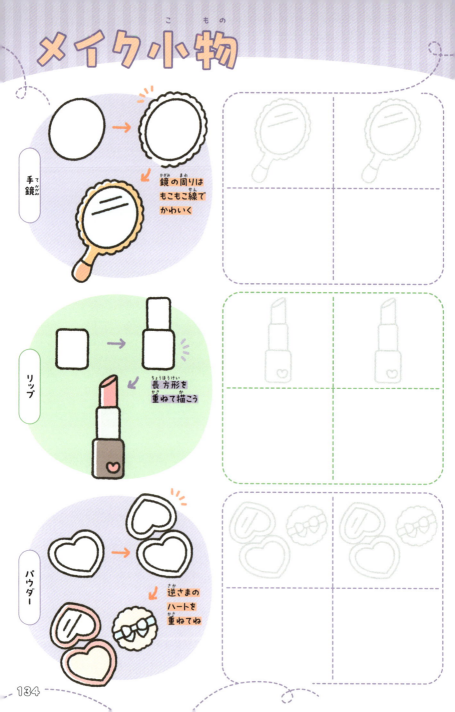

ちょっぴり大人《おとな》の気分《きぶん》でメイク小物《こもの》を描《か》いてみよう!
やさしい色使《いろづか》いでかわいらしさを出《だ》してみてね。

アイシャドウ

マニキュア

香水《こうすい》

ハンドクリーム

化《け》粧《しょう》ポーチ

お家《うち》の中《なか》にあるもの

いす

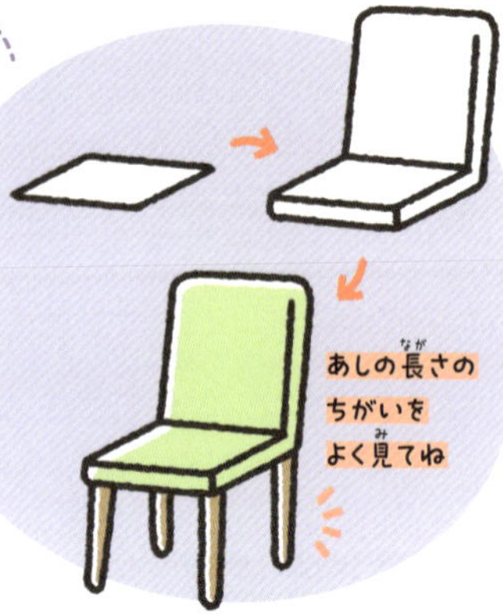

あしの長《なが》さの
ちがいを
よく見《み》てね

ソファ

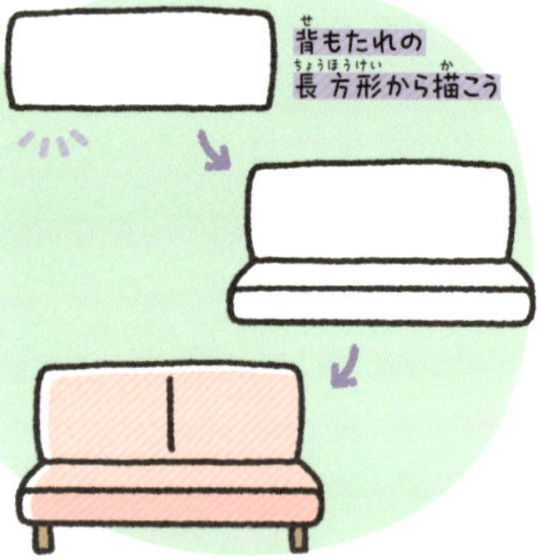

背《せ》もたれの
長方形《ちょうほうけい》から描《か》こう

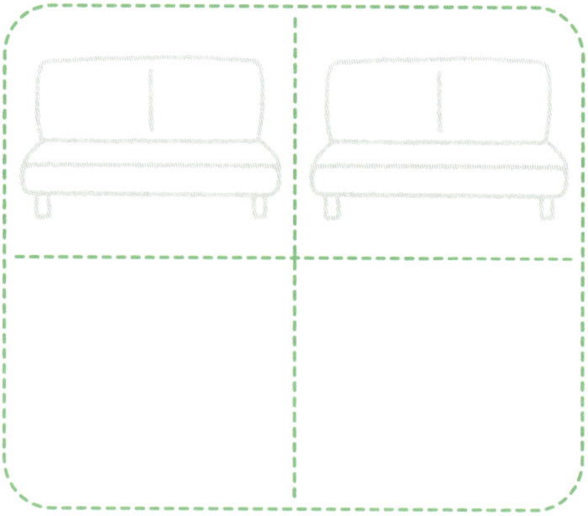

観葉植物《かんようしょくぶつ》

葉《は》に模様《もよう》を
描《か》いて完成《かんせい》!

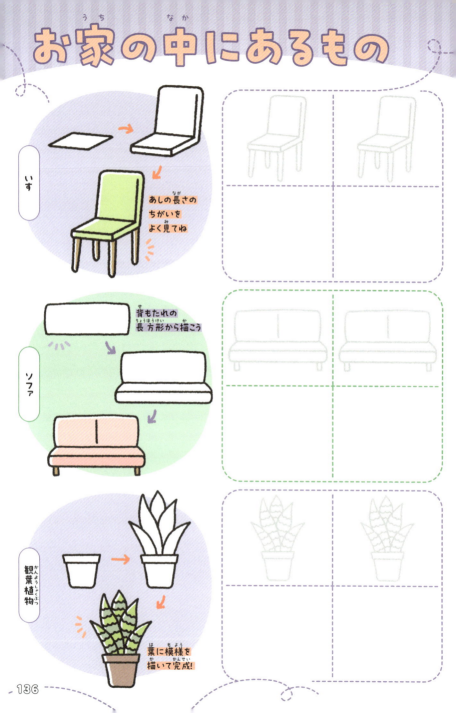

お家《うち》にある家具《かぐ》や小物《こもの》を描《か》いてみよう!
どんな形《かたち》かを意識《いしき》して、図形《ずけい》を描《か》くようなイメージを持《も》つのがコツ。

窓《まど》とカーテン

ベッド

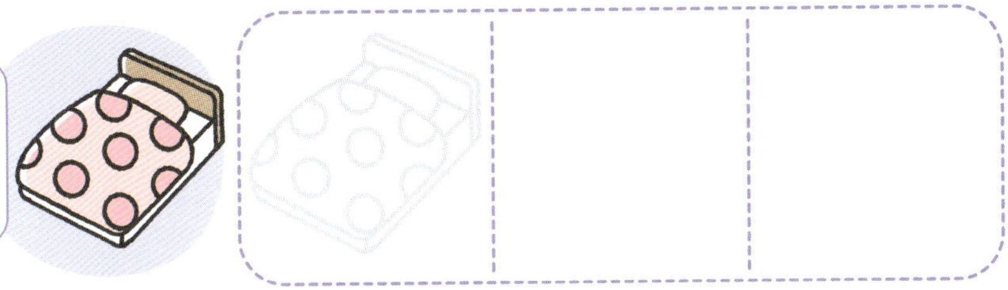

ブックシェルフ

スリッパ

クッション

お家《うち》の中《なか》にあるもの

花《か》びん

テレビ

目《め》覚《ざ》まし時《ど》計《けい》

なべ

フライパン

包丁《ほうちょう》とまな板《いた》

あわ立《だ》て器《き》

フライ返《がえ》し

イラストアイデア！

かさは好《す》きな模様《もよう》でアレンジ！

キラキラを描《か》いたらいい雰囲気《ふんいき》♪

ガーランドはにぎやかさを出《だ》せるよ

つるすモチーフは鳥《とり》や魚《さかな》もかわいい

植《しょく》物《ぶつ》

ヒマワリ

アサガオ

チューリップ

アジサイ

タンポポ

いろんな植物《しょくぶつ》を描《か》いてみよう！
実物《じつぶつ》よりも単純《たんじゅん》に描《か》くと、わかりやすいイラストになるよ。

バラ

ハイビスカス

サクラ

イチョウ

どんぐり

植物《しょくぶつ》

四《よ》つ葉《ば》のクローバー

ススキ

エノコログサ

広葉樹《こうようじゅ》

針葉樹《しんようじゅ》

緑《みどり》が多《おお》い場所《ばしょ》って、
目《め》がよくなる気《き》がしない？

ウチワサボテン

柱《はしら》サボテン

ヤシの木《き》

イラストアイデア!

4〜5本《ほん》のお花《はな》を
まとめて花束《はなたば》に
つるすタイプの
はちもかわいい
ガラス容器《ようき》の
おしゃれな
テラリウム
はちに模様《もよう》を
描《か》いても◎

趣《しゅ》味《み》のモチーフ

動《どう》画《が》

ゲーム

お絵《え》描《か》き

マンガ

推《お》し活《かつ》

趣味《しゅみ》のモチーフを描《か》いてみよう！　よく目《め》にするイメージや道具《どうぐ》をイラストにするのがポイントだよ。

音楽鑑賞《おんがくかんしょう》

トランプ

ジグソーパズル

編《あ》みもの

ぬいぐるみ

スポーツの道具《どうぐ》

野球《やきゅう》

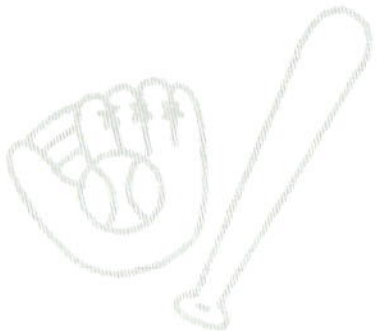

サッカー

バスケットボール

バレーボール

テニス

スポーツで使《つか》う道具《どうぐ》を描《か》いてみよう! 同《おな》じ丸《まる》でも、
中《なか》に引《ひ》く線《せん》によって、いろんなスポーツのボールになるよ。

バドミントン

水泳《すいえい》

フィギュアスケート

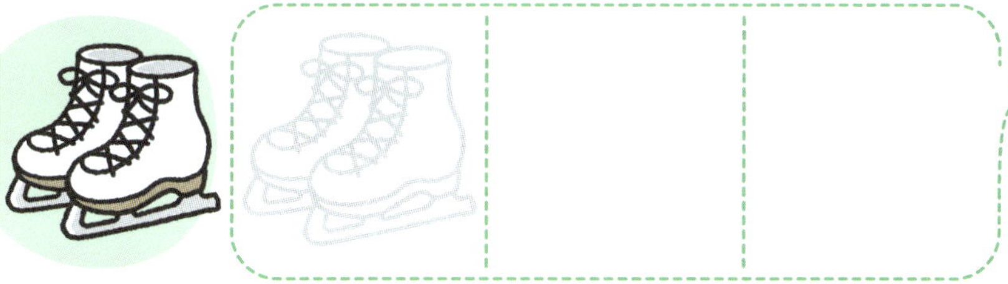

ラグビー

卓球《たっきゅう》

楽《がっ》器《き》

ピアノ

黒鍵《こっけん》は2つと3つが
交互《こうご》になるよ

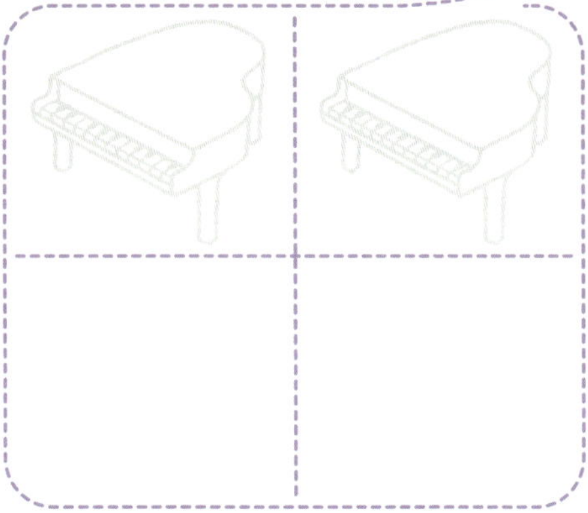

バイオリン

左右《さゆう》にある
くぼみが
ポイント

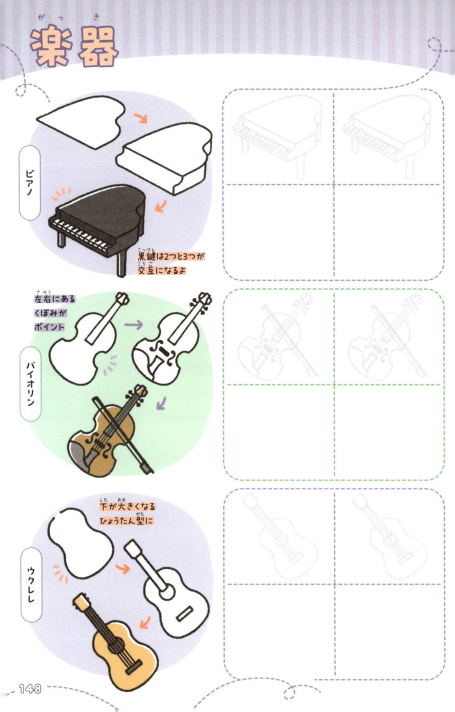

ウクレレ

下《した》が大《おお》きくなる
ひょうたん型《がた》に

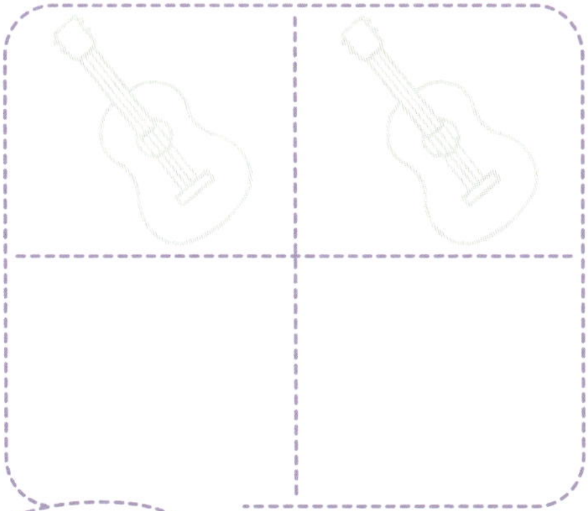

おなじみの楽器《がっき》を描《か》いてみよう！　複雑《ふくざつ》な形《かたち》に見《み》えても、お手本《てほん》の手順《てじゅん》をまねすれば上手《じょうず》に描《か》けるようになるよ。

トランペット

ベルと手前《てまえ》にくる管《かん》から描《か》こう

フルート

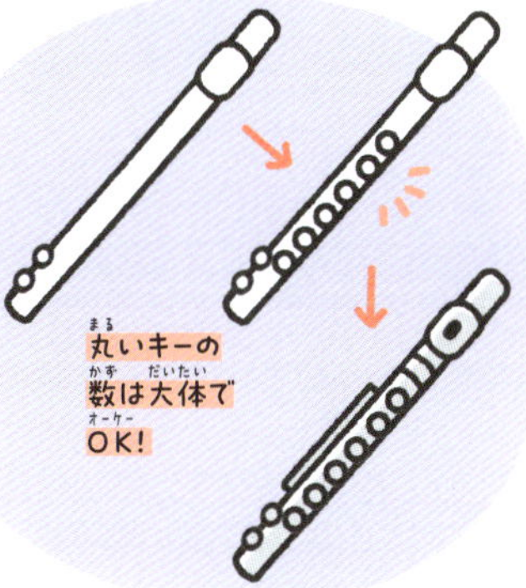

丸《まる》いキーの数《かず》は大体《だいたい》でOK《オーケー》！

ドラム

中央《ちゅうおう》のバスドラムから描《か》き始《はじ》めるよ

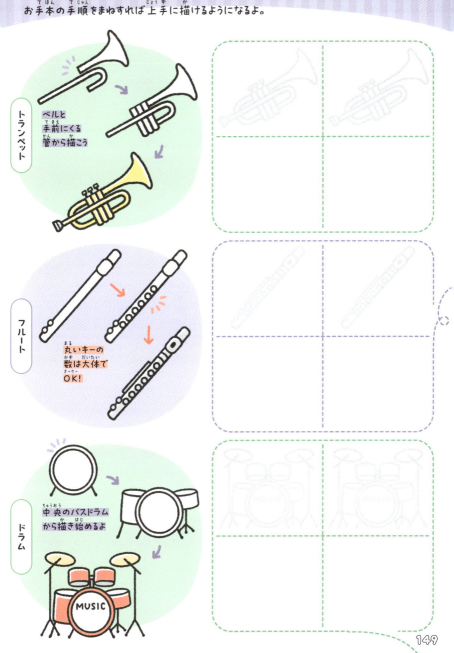

ファンタジーモチーフ

天使《てんし》

悪魔《あくま》

戦士《せんし》

マンガやゲームに登場《とうじょう》するモチーフを描《か》いてみよう！
好《す》きな色《いろ》でぬってアレンジしても楽《たの》しいよ。

魔《ま》法《ほう》使《つか》い

剣《けん》と盾《たて》

魔《ま》法《ほう》のつえ

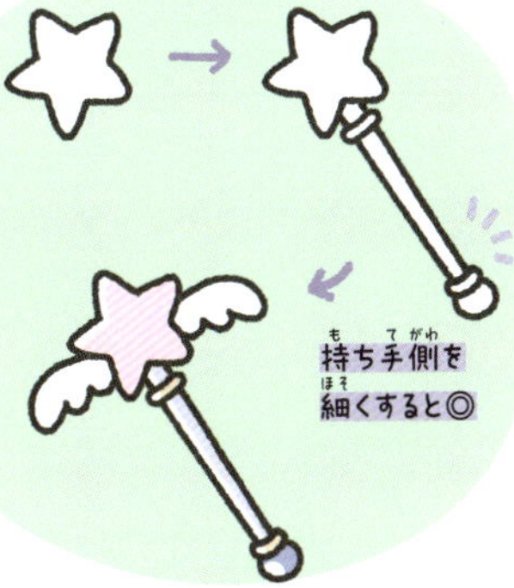

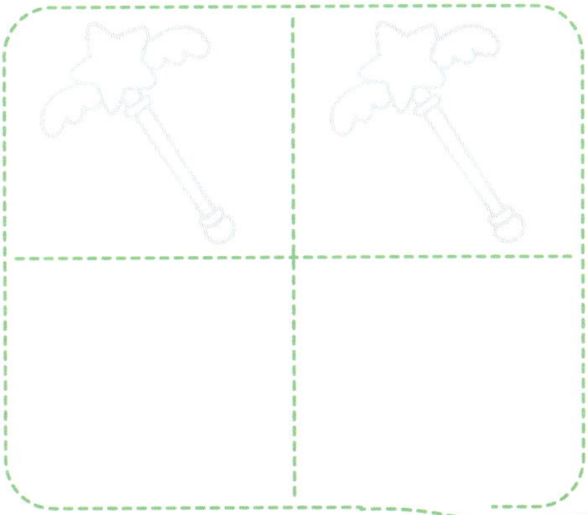

星座《せいざ》のモチーフ

おひつじ座《ざ》

もこもこ線《せん》で
体《からだ》を描《か》こう

おうし座《ざ》

体《からだ》は小《ちい》さめに
するとかわいい

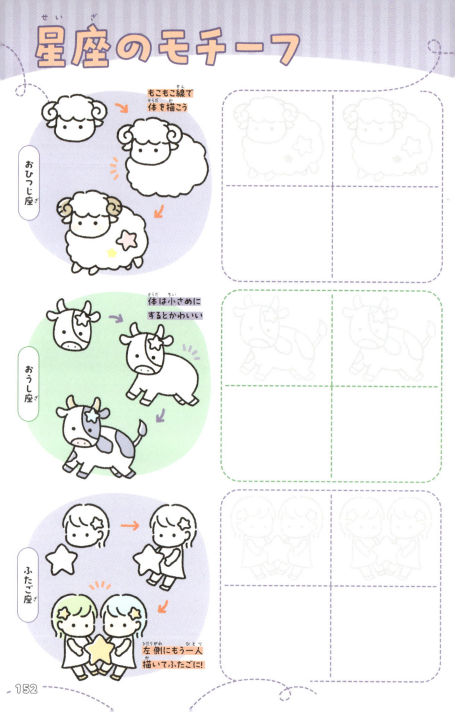

ふたご座《ざ》

左側《ひだりがわ》にもう一人《ひとり》
描《か》いてふたごに!

かわいくデフォルメした星座《せいざ》のモチーフを描《か》いてみよう！
自己《じこ》しょうかいを書《か》くときに、誕生日《たんじょうび》の横《よこ》にそえてもかわいいね。

かに座《ざ》

しし座《ざ》

おとめ座《ざ》

星座《せいざ》のモチーフ

てんびん座《ざ》

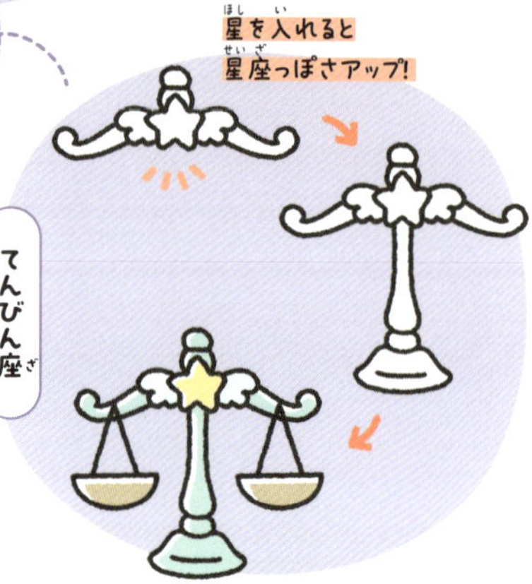

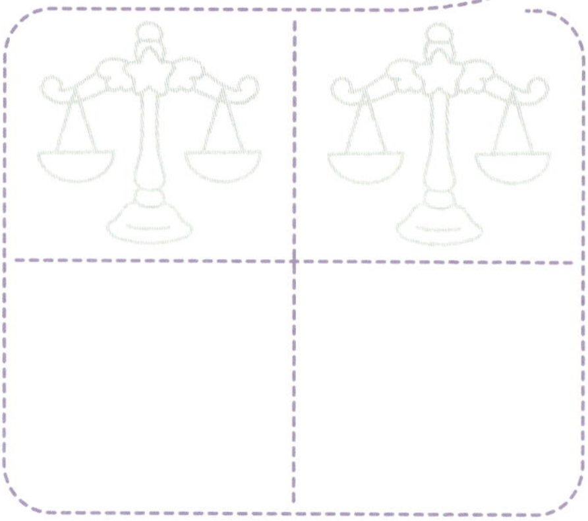

さそり座《ざ》

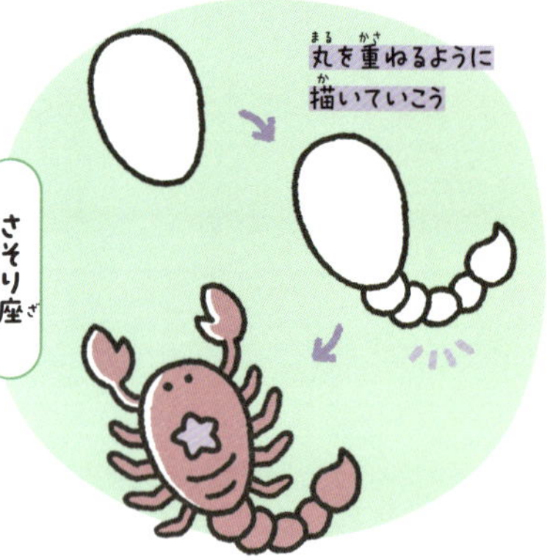

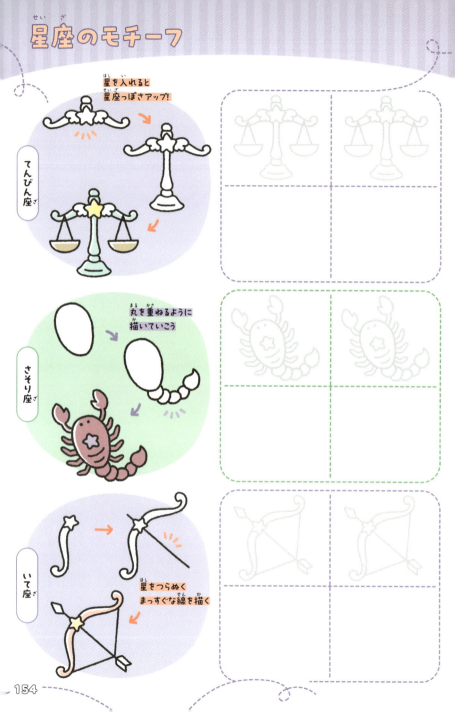

いて座《ざ》

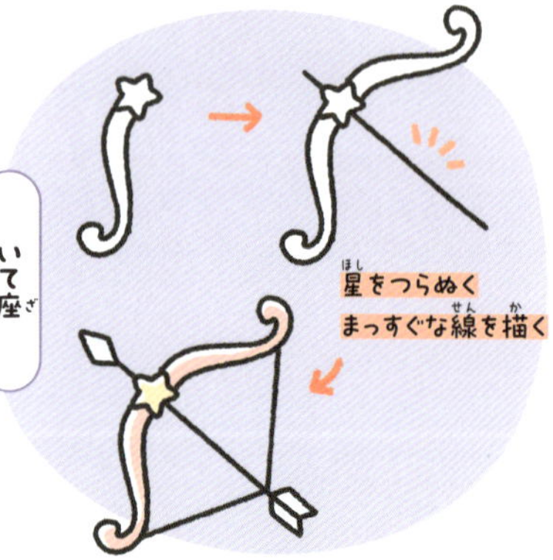

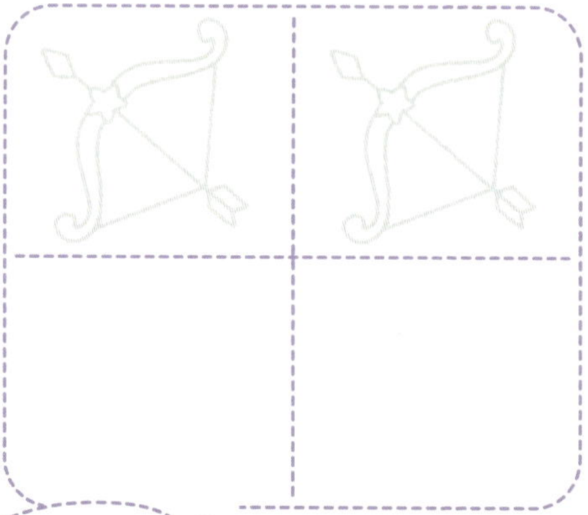

らっこ座《ざ》もあったら
いいのに……

やぎ座《ざ》

みずがめ座《ざ》

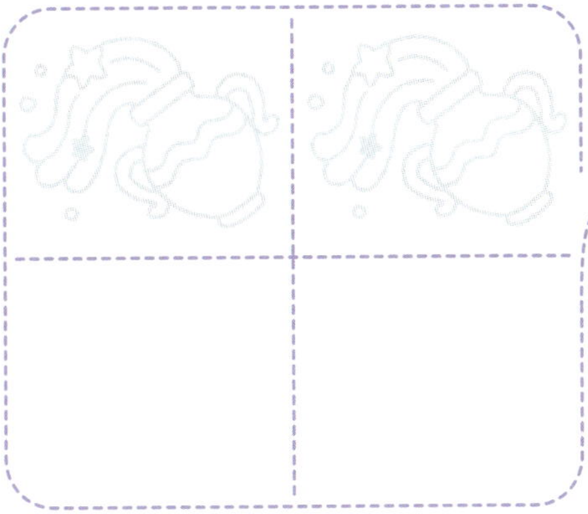

うお座《ざ》

季《き》節《せつ》のモチーフ

お正月《しょうがつ》

かがみもちは
下《した》の段《だん》を大《おお》きく

ひな祭《まつ》り

おだいり様《さま》には
しゃくを持《も》たせよう

こどもの日《ひ》

下《した》のコイは
少《すこ》し小《ちい》さく描《か》くよ

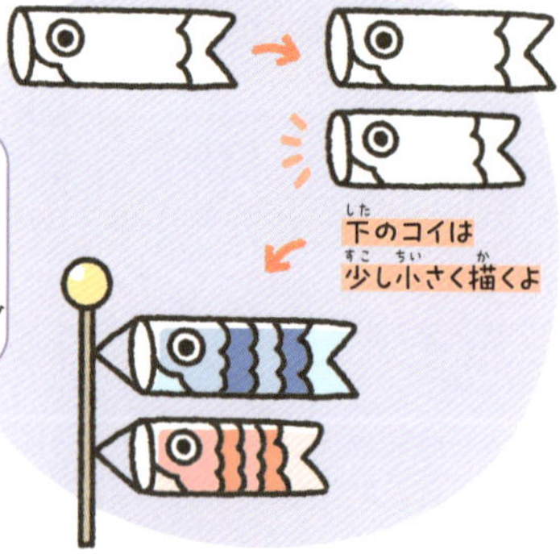

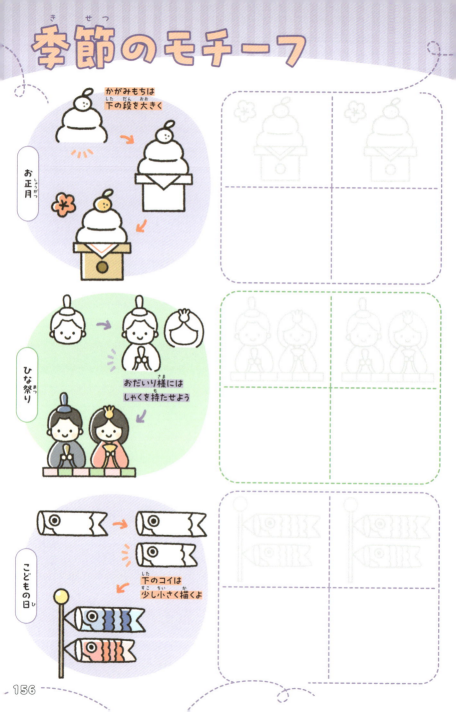

季節《きせつ》の行事《ぎょうじ》のモチーフを描《か》いてみよう!
手帳《てちょう》やカレンダーに描《か》きこんだり、手紙《てがみ》にそえて描《か》いたりしてみてね。

七夕《たなばた》

枝《えだ》の周《まわ》りに
葉《は》を2～3枚《まい》
ずつ描《か》く

ハロウィン

両側《りょうがわ》に線《せん》を
1本《ぽん》ずつ足《た》して
カボチャに

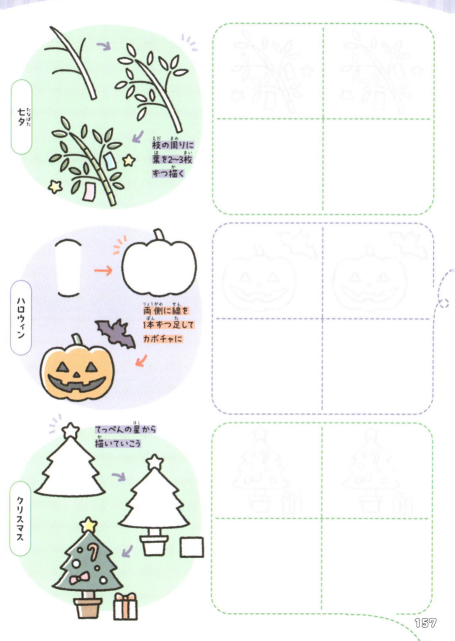

クリスマス

てっぺんの星《ほし》から
描《か》いていこう

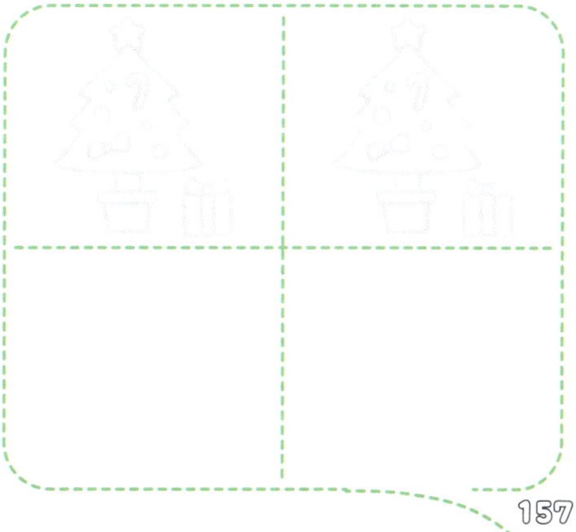

コラム 4

ちょっとの工夫《くふう》でかわいくなる！

ケイ線《せん》とフキダシを描《か》いてみよう

ノートや手紙《てがみ》をちょっとおしゃれにまとめたいときには、かわいいケイ線《せん》やフキダシの出番《でばん》！

ケイ線《せん》

フキダシ

桜田ぱんだ 1章

群馬在住のゆるかわ動物イラストレーター。「ゆるくてほっこり」をテーマに、柔らかい色合いのまるくてころっとした動物イラストを描く。『キャラぱふぇ』（KADOKAWA）でつぶらな瞳シリーズの4コマ漫画やさがし絵本を担当。挿絵や企業マスコットキャラクターデザインも手がける。

【X（旧Twitter）】sakurada_pan 【Instagram】sakuradapanda

のだかおり 2章

長野県出身／東京都在住。子どもや動物のイラストを中心にほのぼのと温かみのある作品をシンプルな線で描く。挿絵・アニメーション・グッズ制作・対面イベント・ライブペイントなど幅広く活動。

【X（旧Twitter）】rioka_dn 【Instagram】rioka_dn

enoko（えのこ） 3・4章

イラストレーター兼デザイナー。多摩美術大学卒業後、デザイン事務所やステーショナリーメーカーに勤務。動物や子どもなどのイラスト、ゆるくてかわいいタッチが得意。

【HP】https://enoko-illust.com/ 【Instagram】enoko_illust

●デザイン／福田あやはな ●編集協力／城戸千奈津 ●編集／成美堂出版編集部（川上裕子）

描きこみ式 ゆるっとかわいいイラスト練習帳

著　者　桜《さくら》田《だ》ぱんだ　のだかおり　enoko《えのこ》

発行者　深見公子

発行所　成美堂出版

〒162-8445　東京都新宿区新小川町1-7

電話(03)5206-8151　FAX(03)5206-8159

印　刷　広研印刷株式会社

ISBN978-4-415-33528-5

落丁·乱丁などの不良本はお取り替えします

定価はカバーに表示してあります